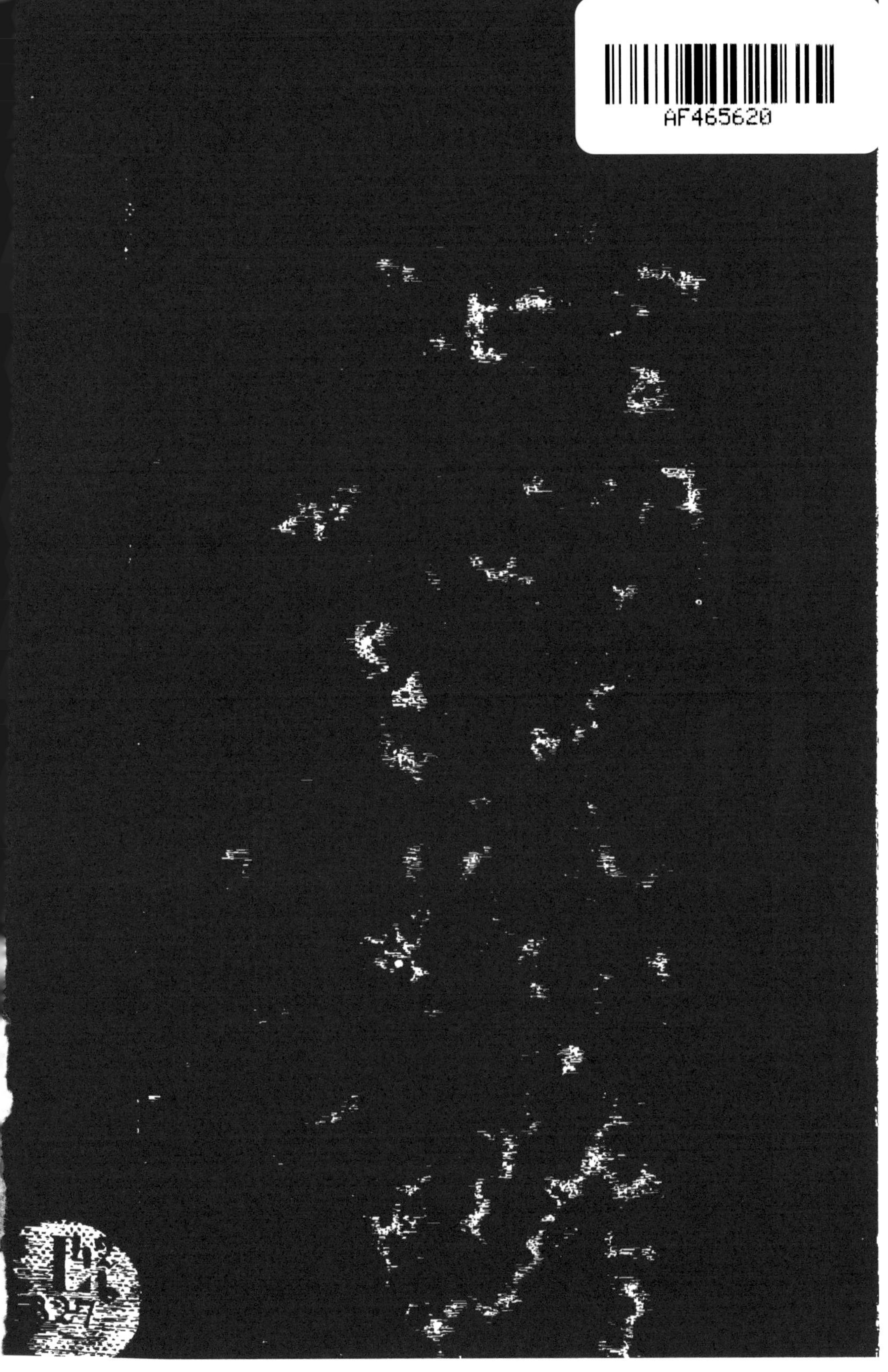

LE

18 BRUMAIRE.

*Extrait de l'*ENCYCLOPÉDIE MODERNE, publiée par MM. FIRMIN DIDOT frères,
PREMIER VOLUME DU SUPPLÉMENT.

BRUMAIRE. — 18 *Brumaire.* C'était le deuxième mois de l'année républicaine; il venait après vendémiaire. Il commençait le 23 octobre, et finissait le 22 novembre. Il a marqué la chute du Directoire et de la constitution de l'an III, comme vendémiaire en avait marqué l'avénement.

La constitution de l'an III n'avait pas été plus heureuse que celles qui l'avaient précédée; elle allait subir le sort réservé à toutes nos constitutions depuis 89. Il y avait quatre ans à peine qu'elle avait été proclamée, et déjà elle périssait. Elle n'avait rien protégé, rien défendu, rien affermi : ce n'était qu'une lettre morte, qui n'imposait à personne, qui ne contraignait personne, et dont chacun comprenait à la fois le vide, le ridicule et l'impuissance.

On n'avait réussi à la soutenir qu'en la violant, si c'est soutenir une constitution que d'en violer sans cesse les principes sous prétexte de la sauver. Telle était cependant la prétention du Directoire chaque fois qu'il était amené par les menaces et la révolte des partis à porter, comme on disait alors, « une main sacrilége sur le livre de la loi ».

C'était pour rentrer dans la constitution qu'on avait expulsé violemment au 18 fructidor une centaine de députés, nommés régulièrement aux termes de cette constitution et déclarés inviolables par elle.

C'était pour rentrer dans la constitution que la majorité des Conseils, d'un autre côté, au moyen d'une de ces tristes et honteuses coalitions dont nos assemblées ont si souvent offert l'exemple, avait, au 30 prairial, arraché leur démission à trois membres du Directoire, nommés aussi régulièrement que les députés du 18 fructidor, aussi inviolables qu'eux, aussi sacrés aux yeux de la constitution.

Cette constitution, au fond, personne n'y croyait, et n'y avait jamais cru. Elle n'avait été admise que par une sorte d'hypocrisie générale, comme il arrive dans ces moments où chaque parti, ne se sentant pas assez fort pour prévaloir, a l'air d'accepter une loi qui le blesse, en attendant qu'il puisse imposer la sienne; y trouvant du moins cet avantage, que si elle l'empêche de triompher, elle est un obstacle aussi pour ses adversaires.

Nul n'avait renoncé à ses espérances, encore moins à ses intrigues et à ses menées. On se servait au contraire de la constitution pour détruire la constitution. Chacun, par ses emportements, poussait son ennemi à en franchir les limites, et lui reprochait ensuite de les avoir franchies. Le temps se passait, consumé tout entier dans ces discussions vaines, stériles et presque toujours scandaleuses, où se perdent le crédit et la considération du gouvernement, la confiance dans un état de choses qui, après avoir tant promis, ne produit que de pareils résultats.

Le gouvernement, battu de toutes parts, en butte à ces factions qui se disputaient le sol par-dessus sa tête, sans force pour leur résister s'il restait dans la constitution, ou leur fournissant des moyens d'agression s'il en sortait, le gouvernement succombait, avili et méprisé. Nos armées étaient vaincues, l'ennemi était à nos portes comme en 92; et l'on n'apercevait pas comme en 92 les moyens de le chasser. Les finances étaient dans un désordre inexprimable, ou plutôt il n'y avait plus de finances, plus d'administration, plus de police. Les routes infestées de brigands, qu'on n'avait ni l'énergie ni même le pouvoir de réprimer, étaient devenues impraticables. On avait essayé, pour combler le vide du trésor, de recourir à l'impôt progressif, impôt terrible, qui soulevait les populations et ne produisait rien dans ce pays ruiné et à bout de ressources. Il semblait que tout fût prêt à se dissoudre. Personne ne commandait, personne n'obéissait; les fournisseurs seuls étaient des personnages considérables et écoutés. On eût dit que c'était pour livrer l'État à cette race immonde que la révolution avait été faite. Leur influence s'étendait à tout; elle corrompait tout, desséchait tout. Elle salissait jusqu'aux membres du gouvernement, accusés de tremper dans leurs infamies et d'en partager avec eux le bénéfice; accusation vraie en ce qui concernait l'un des directeurs. Nos soldats, nus, sans pain, sans souliers, périssaient de faim et de dénûment, lorsqu'on voyait ceux qui étaient chargés de les nourrir nager dans un luxe insolent, étalé avec une effronterie qui révoltait la conscience publique. Il y avait quatre ans que le Directoire était institué. Alors la France était victorieuse et redoutée. Un an après elle avait imposé à ses ennemis ce traité de Léoben qui la comblait de gloire et de richesse. Qu'avait-on fait de cette gloire et de cette richesse? Trois ans à peine, et tout avait disparu. L'Italie était perdue; Souwaroff était aux frontières; l'on n'avait ni argent ni armée pour le combattre; et l'on en était aux visites domiciliaires comme au temps de la terreur. Le gouvernement en effet avait dû recourir à ce moyen pour assurer sa tranquillité; mais ce moyen lui-même n'était qu'une charge de plus dans l'acte d'accusation dressé contre lui.

Le personnel des membres du Directoire ne justifiait que trop ces accusations. On sait quels étaient ces membres. Il y avait d'abord Barras, inconnu la veille, trop connu depuis par son immoralité, ses dilapidations, ses débauches. Son élection au Directoire avait été l'avénement du vice au gouvernement, du vice éhonté, sans pudeur, satisfait de lui-même au contraire, et s'étalant avec complaisance. Il y avait Moulins, général obscur et sans talents, aussi ignoré de ses soldats que du public; Gobier, avocat breton, sans réputation, dont le 18 brumaire mit à nu la nullité entêtée, n'ayant pas su même, dans l'exercice de sa profession en province, se créer cette gloire de bailliage ou de sénéchaussée qui a conduit dans nos assemblées tant de législateurs qui n'étaient rien et de ministres dignes de ces législateurs. Il y avait Syeyès, théoricien brouillon, cupide et ambitieux, jouissant alors d'une grande rénommée, due à l'orgueilleux étalage d'une métaphysique pédantesque et inintelligible. L'Empereur l'avait merveilleusement défini en disant de lui que c'était un esprit creux et non profond. Il y avait, enfin, Ducos, sur le mérite duquel l'histoire n'a jamais réussi à se renseigner, malgré ses recherches.

Syeyès, Barras, et Ducos, dominé par eux, comprenaient parfaitement que la constitution se mourait, et que leur gouvenement touchait à sa fin. Aussi prenaient-ils leurs précautions : Barras en négociant avec tout le monde, les royalistes et les jacobins, de manière à s'assurer un abri ou au moins de l'argent après la tempête. L'histoire a fait connaître ses relations avec le comité royaliste établi à Paris, et les promesses de Louis XVIII, dans le cas d'une restauration préparée et aidée par le directeur.

Quant à Syeyès, il ne songeait pas à rétablir la monarchie, loin de là. Il avait voté la mort de Louis XVI en des termes tels que toute espèce de restauration devait lui apparaître comme le plus grand des malheurs, au moins pour lui, sinon pour le pays. Puis il nourrissait d'autres projets depuis longtemps. Ce qu'il poursuivait, c'était une sorte de royauté pour lui et à son usage, par la vertu de sa métaphysique, une royauté philosophique, qui sans lui donner de titre aurait fait de lui quelque chose comme le Numa ou l'oracle de Delphes de cette république; une manière de génie tutélaire supérieur et familier, révéré des peuples, consulté des sages, et regardé par tous comme l'intelligence suprême et régulatrice présidant aux destinées de ce pays.

Telles étaient les vues de ce grand esprit; c'est à cela que tendaient sérieusement ses efforts et ses combinaisons. On ne dit rien de nouveau sur cette chimère qui a frappé Syeyès d'un ridicule dont il ne s'est jamais relevé. Son rêve était de donner à la France une constitution faite par lui, et par lui seul. Dans ce but, il avait passé une partie de sa vie à inventer des constitutions suivant les circonstances, mais sans avoir le bonheur de les faire adopter, ce qui avait irrité sa persévérance au lieu de l'abattre, et changé son obstination en une sorte de manie qui espérait cette fois se satisfaire. Les circonstances paraissaient on ne peut plus favorables. Il était évident que la constitution allait expirer. Le moment était venu de doter enfin la France de ce fruit de ses méditations et de son génie. Sa nouvelle constitution était déjà prête. Il ne s'agissait plus que de porter le dernier coup à l'ancienne. C'est à quoi le Directeur s'employait de tout son pouvoir. Il attirait à lui les fonctionnaires, les généraux, tous ceux qu'il jugeait les plus capables, pourvu qu'ils ne le fussent pas assez pour le dominer. Il leur communiquait ses idées, cherchait à les en pénétrer, et donnait cet exemple assez rare, mais qui peint bien la situation, d'un chef de gouvernement conspirant la ruine de son propre gouvernement.

Après les grandes causes venaient les petites, qui n'avaient pas moins d'influence. C'étaient les intrigues intérieures, les jalousies d'individu à individu entre les membres du Directoire, leurs familiers, leur entourage. L'Empereur en quelques lignes a décrit cette situation. Ces quelques lignes, mieux que des pages entières, font connaître comment ni la constitution, ni le Directoire, ni rien de ce qui composait cet état de choses n'était fait pour durer.

« L'opinion publique, dit-il (1), fut d'abord « séduite par les avantages qui paraissaient « attachés à la forme de gouvernement pres- « crite par la constitution de 1795. Un conseil « de cinq magistrats, ayant des ministres res- « ponsables pour l'exécution de ses ordres, « aurait tout le loisir de mûrir les affaires ; « le même esprit, les mêmes principes se trans- « mettraient d'âge en âge, sans interruption ; « plus de régence, plus de minorité à crain- « dre. Mais ces illusions se dissipèrent bien- « tôt. On éprouva à la fois tous les inconvé- « nients résultats inévitables de l'amalgame « de cinq intérêts, de cinq passions, de cinq « caractères divers : on sentit toute la diffé- « rence qui existe entre un individu créé par « la nature et un être factice, qui n'a ni cœur « ni âme, qui n'inspire ni confiance, ni amour, « ni illusion.

« Les cinq directeurs se partagèrent le pa- « lais du Luxembourg, et s'y établirent avec « leurs familles, qu'ils mirent en évidence. « Cela forma cinq petites cours bourgeoises, « placées à côté l'une de l'autre, et agitées par « les passions des femmes, des enfants et des « valets. La suprême magistrature fut avilie. « Les hommes de 93, les classes élevées de la « société, furent également choqués. L'esprit « de la constitution était violé. Un directeur « n'était ni un ministre, ni un préfet, ni un gé- « néral : il n'était que le cinquième d'un tout. « Il ne devait paraître en évidence qu'en con- « seil ; sa femme, ses domestiques auraient dû « ignorer qu'il était membre du gouverne- « ment. Le directeur devait rester simple ci- « toyen ; mais le Directoire devait être envi- « ronné des respects, de l'étiquette et de la « splendeur qui appartiennent à la magistra- « ture suprême d'une grande nation. Cette « splendeur devait être celle de la puissance, « et non de la cour. Le directeur sortant des « fonctions n'eût trouvé alors aucun change- « ment dans son intérieur ; il n'eût éprouvé « aucune privation. C'est dans cet esprit que « la constitution lui avait assuré seulement la « somme modique de cent mille francs d'ap- « pointements, et que les frais de représenta- « tion du Directoire étaient compris au budget « pour cinq millions, sous le titre de *frais de « maison*. Alors un traitement de cent mille « francs était suffisant ; mais il aurait dû être « assuré pour la vie, ce qui aurait permis « d'imposer au directeur sortant de charge « l'obligation de ne plus occuper aucune fonc- « tion, et aurait assuré son indépendance. »

Gohier et Moulins n'avaient pas assez de lumières pour se rendre compte de la situation. Ils étaient républicains et très-attachés à la constitution, ce qui était naturel. Ils devaient aimer une constitution qui avait aplani le chemin des honneurs à leur médiocrité. Ils représentaient un parti qui, bien qu'à la tête des affaires et encore debout, à ne considérer que les apparences, n'était déjà plus rien dans la nation. C'est ce parti que nos soldats appelaient énergiquement le parti des *avocats*, désignant par là cette classe de lettrés de second ordre dont l'ambition inintelligente, en poussant dès le debut de la Révolution à une république que personne ne souhaitait, avait ouvert la porte à des excès dont ils avaient été les premières victimes.

Ce parti, vaincu et dispersé au 31 mai, avait reparu après le 9 thermidor ; la constitution de l'an III avait été faite par lui et pour lui. Il avait eu soin de l'arrêter là où il s'arrêtait lui-même. En d'autres termes, il l'avait faite assez républicaine pour fermer la voie à toute supériorité qui pourrait le gêner, et point assez populaire pour être débordé par la démocratie. C'était une sorte de place fortifiée uniquement pour son besoin, où lui seul pouvait pénétrer et d'où il pouvait dominer ses adversaires. Mais ce qui, suivant son calcul, aurait dû être le principe de sa force était devenu le principe de sa faiblesse. Il avait beau tenir toutes les positions officielles, il était en dehors de tout. L'opinion détrompée ne l'apercevait plus que sous la forme d'un accident en quelque sorte, considéré comme trop peu de chose pour arrêter la marche des deux grands partis qui se disputaient encore la France ; c'est à savoir la monarchie et les républicains à la manière de 93.

La nation, comme toujours, formait le milieu entre ces opinions extrêmes. Au fond elle était monarchique, parce qu'elle l'a toujours été, malgré toutes les révolutions, et que tel est son génie. Mais dans les circonstances présentes elle était trop compromise avec la monarchie pour désirer le retour de l'ancienne dynastie. Des intérêts nouveaux s'étaient créés

(1) Mémoires de l'Empereur, *Récit de la journée du 18 fructidor*.

depuis 1789 : elle craignait une restauration qui tendrait sans doute à les détruire; au moins le supposait-elle, et l'on avait soin d'exagérer ses craintes à ce sujet. On ne se rendait pas compte de cette force des choses qui, en d'autres temps, avait obligé Henri IV à réconnaître la plupart des faits accomplis sous la Ligue. C'est ce qui avait fait supporter le régime existant, quoique sans aucune sympathie. Mais on etait bien plus ému encore et plus effrayé à l'idée d'un nouveau 93 si le parti jacobin venait à triompher une seconde fois. On n'en détestait que davantage ce gouvernement qui ne savait éloigner aucun de ces deux dangers, et ne semblait écarter l'un que pour attirer l'autre, infiniment plus redoutable et plus affreux.

Le parti du Directoire, cependant, ne comprenait que trop bien ce qu'il allait devenir si la constitution succombait. Il savait parfaitement qu'il n'était rien que par elle et ne serait rien sans elle. Aussi épuisait-il tous ses efforts pour la soutenir. Il s'y rattachait avec l'ardeur d'un naufragé embrassant sa dernière planche de salut. Il se retranchait derrière la loi écrite pour résister à un fait qui le dominait. Il en appelait à la légatité, comme si l'opinion eût pu s'y méprendre, et ignorer ce qu'il défendait en défendant la constitution.

Cette légalité d'ailleurs, qui l'avait faite? N'était-ce pas le parti constitutionnel lui-même, dans son intérêt et pour son avantage, comme la constitution? Reposait-elle par hasard sur ces principes éternels qu'on ne saurait violer sans porter atteinte aux lois divines et humaines? Et la constitution était-elle donc l'Arche sainte? C'était ainsi, il est vrai, que le parti constitutionnel aurait voulu qu'on la considérât, et son éloquence ne s'y épargnait pas. On prodiguait les serments, les adjurations, les exclamations : on invoquait Brutus et Décius; on jurait sur leurs mânes; on étendait les bras; on appelait l'anathème sur les traîtres qui oseraient attenter à la majesté des lois; on les dévouait à l'exécration de la postérité. Il n'était question que de César et des Tarquins. On sait quel était l'usage ou, si l'on aime mieux, la mode alors : c'était de se croire des Grecs et des Romains, et de parler comme eux, ou du moins comme on croyait qu'ils parlaient. De là ces habitudes de théâtre, cette phraséologie ampoulée et niaise, toute gonflée d'anthithèses, d'interjections et de prosopopées, qui faisait croire à ces législateurs qu'ils n'étaient rien moins que des Spartiates ou les Pères conscrits de l'ancienne Rome, tandis qu'ils ne ressemblaient, hélas! qu'à des comparses jurant de marcher, de combattre et de vaincre, avec l'exaltation propre aux héros de ce genre. C'est ainsi que nos sénateurs juraient de mourir sur leurs chaises curules, de verser pour la constitution jusqu'à la dernière goutte de leur sang. La musique jouait un grand rôle au milieu de tous ces élans (1). Le gouvernement, jugeant avec raison qu'il fallait des cérémonies et la pompe des ornements extérieurs pour imposer aux esprits et frapper les imaginations, avait fait disposer dans la salle même des conseils tout un matériel destiné à faciliter singulièrement l'exécution de ces sortes de scènes. Au fond était un autel chargé de symboles, de bas-reliefs, de figures des dieux et des déesses alors révérés, suivant les principes de la religion du temps. C'était l'Agriculture, l'Abondance, la Sagesse, etc., etc. On appelait cela l'autel de la Patrie (2). Au milieu se dressait une colonne en marbre blanc (3). Un livre était déposé dessus; c'était le livre de la loi. Il était là toujours ouvert, règle suprême et redoutable offerte aux regards de l'orateur pour remplir son esprit et inspirer sa parole. Les sons d'un orchestre placé dans les tribunes supérieures venaient encore ajouter aux impressions que devait produire ce tableau. C'était aux accords d'une musique douce (4), comme on disait alors, que s'ouvraient les séances pour élever l'âme du législateur apparemment, la transporter et la maintenir dans ces sphères de méditation pure qui sont le séjour du sage. On terminait également par des hymnes. Il arrivait souvent même que l'orchestre intervenait au milieu des délibérations : c'était dans ces moments où l'orateur, vaincu par l'émotion, sentait sa voix s'éteindre et ses forces l'abandonner. La symphonie venait alors à son secours. Elle l'aidait à reprendre ses esprits, elle suppléait à ce qu'il n'avait pas dit, et se chargeait d'achever son discours. On comprend à quels mouvements, à quelle éloquence passionnée et sublime pouvait donner lieu tout cet appareil. C'était ce que le gouvernement avait inventé de mieux pour inspirer le respect de la constitution. La constitution malheureusement n'en retirait aucun des avantages qu'il s'était

(1) Voir pour l'exactitude des détails qui vont suivre le *Moniteur* et l'*Histoire parlementaire de la Révolution de* MM. Buchez et Roux.

(2) « Je crois avoir donné des preuves d'attachement « à la constitution de l'an III, disait Lemercier dans « la séance du 19 brumaire, à Saint-Cloud. *Toute la « France sait que je fis élever un autel dans le « sanctuaire des lois,* au moment où il était à peine « permis de les invoquer et d'en parler. » (*Moniteur*).

(3) « Vous avez juré la constitution; *mais la colon- « ne sur laquelle elle est placée dans cette enceinte « ne* sera point un billot sur lequel on immole une « victime. » (Paroles de Lucien Bonaparte dans la séance du 26 messidor en VII.) (*Moniteur*.)

(4) On exécutait même des ouvertures d'opéra dans l'occasion. On joua celle de *Panurge* au commencement de la séance citée plus haut. Il est vrai qu'il s'agissait de célébrer l'anniversaire du 14 juillet; mais on ne voit pas quel rapport il y a entre *Panurge* et la prise de la Bastille.

promis. Toute cette décoration, ces serments, ces invocations, ces scènes d'opéra infiniment plus mal exécutées qu'à l'Opéra, manquaient leur effet sur un public blasé et qu'on avait fatigué jusqu'à la satiété de semblables parodies. On se permettait même de siffler les acteurs, suivant l'usage dans un pays où il n'est pas donné d'être ridicule impunément. On savait parfaitement, d'ailleurs, à quoi s'en tenir sur le personnel de ces Brutus qui parlaient de mourir, tout en vidant le trésor et en faisant des affaires avec les fournisseurs. On n'avait aucune inquiétude sur eux. On était bien convaincu au fond que personne ne mourrait, et sans prévoir précisément de quelle manière les choses se passeraient, il semblait qu'on devinât le dénoûment et qu'on pressentît déjà les fenêtres de Saint-Cloud.

La position n'était pas moins déplorable. Il semblait que la vie se fût retirée du corps social. Tout était arrêté; l'action du gouvernement était comme suspendue. Le découragement s'était emparé des esprits. De tous côtés on avait le sentiment d'une situation épuisée et devant aboutir à quelque catastrophe; mais laquelle? On ne songeait par même à s'en rendre compte. On attendait dans cet état de torpeur et de résignation lâche qui suit les grandes commotions la crise qui devait tout perdre ou tout sauver, sans rien faire pour la prévenir, sans rien faire pour l'avancer.

Que tenter d'ailleurs, et où tourner ses regards? Rien ne se présentait à l'horizon. On avait vu ce que pouvait le gouvernement civil fondé sur ces théories dont on avait poursuivi l'application avec tant de zèle et un enthousiasme si malheureux. L'expérience avait ramené aux principes; elle avait fait comprendre que le seul moyen d'échapper à une destruction de jour en jour plus imminente, c'était l'unité de pouvoir, une sorte de dictature illimitée en un mot, armée des forces de tous pour le salut de tous, concentrée dans une main puissante, mise au service d'une intelligence assez grande pour pourvoir à tout, diriger tout, ramener la vie et la lumière au milieu de ces ruines et de ces ténèbres. Mais cette main, cette intelligence, où les trouver? Ce n'était pas parmi les membres de la législature apparemment.

Les généraux eux-mêmes, pour la plupart, n'avaient rien, malgré leur gloire, qui les pût recommander pour une semblable mission. C'étaient des militaires fort braves sans doute, quelques-uns même d'habiles capitaines; mais ce n'est pas seulement avec de la bravoure et des talents plus ou moins remarquables à la tête d'une armée qu'on gouverne un État et qu'on le retire du désordre où l'ont plongé dix ans de révolution. L'ambition, il est vrai, ne manquait à aucun; la suite l'a prouvé, malgré les ardeurs d'un dévouement qui se traduisait alors en termes plus qu'exaltés pour la république. Elle a prouvé, malgré grands exemples de la Grèce et de Rome, que s'il était un rôle qui leur parût digne d'envie, ce n'était peut-être pas celui de Fabricius ou de Cincinnatus. Mais l'opinion, qui est le meilleur juge dans ces circonstances, n'accordait à aucun les qualités nécessaires pour remplir celui de César; eux-mêmes le sentaient et se rendaient justice. Il en résultait que l'armée, pas plus que le gouvernement, n'était en état de venir au secours du pays.

Un homme s'était élevé cependant! Celui-là tout le monde le désignait, tous les regards étaient fixés sur lui, son nom était dans toutes les bouches. C'était le vainqueur de l'Italie, le négociateur du traité de Campo-Formio; c'était Bonaparte en un mot! Mais cette voix de toute une nation, qui attendait de lui son salut, comment irait-elle jusqu'à lui? Qui irait la lui reporter au delà de ces mers, de ces régions lointaines qui le séparaient alors de la patrie? Éloigné depuis deux ans, et comme perdu pour elle, c'était à peine si l'on connaissait son sort. Le pays, il est vrai, avait encore entendu son nom. Il lui était revenu, renvoyé par la victoire, si cela peut se dire, et comme par les échos des Pyramides et du Thabor. Mais le désastre d'Aboukir était survenu. Les mers étaient fermées. Le vainqueur, prisonnier dans sa conquête, était destiné à périr peut-être, sous ce climat brûlant, au milieu de ces sables où il était allé chercher une gloire grande comme son génie, comme l'étendue de ces déserts qu'il remplissait de son nom. Qui pouvait répondre qu'il n'eût pas déjà succombé! Alors on retombait dans le découragement; on sentait l'inutilité de ces désirs qui portaient dans le vague, et que ne pouvait exaucer ni même entendre celui qui en était l'objet. Mais ce vague même lui était favorable; il servait à sa renommée, il l'enveloppait comme d'un prestige. La grandeur de l'entreprise, ce souvenir des âges attaché à la terre foulée aujourd'hui par nos soldats; ces noms, ces monuments, ces débris d'un monde disparu, cette poussière des temps, en un mot, soulevée par notre armée, tout cela saisissait les imaginations. Il semblait que l'antiquité tout entière se réveillât pour apprendre le nom de la France et assister à ses triomphes. Ces impressions, un mot les résumait toutes : Bonaparte! Il donnait l'idée d'une destinée à part, supérieure aux événements, et que ne pouvaient atteindre les chances communes. On eût dit qu'un instinct secret faisait pénétrer l'avenir. Cette destinée n'était pas remplie, elle ne pouvait finir ainsi. On le sentait, et l'on se reprenait à espérer. Les regards se tournaient de nouveau vers l'Orient. Ils allaient y chercher celui qu'appelaient tant de vœux. Ils essayaient de le suivre dans sa marche; de percer le nuage qui le dérobait aux yeux de l'Europe. Ces vœux, il était impossible qu'il les ignorât, comme s'il y avait eu dans la force du sentiment public quelque chose qui dût les lui porter à travers les airs. La France le reverrait sans doute. Comment! On ne songeait pas à se l'expliquer, mais on en était convaincu. Une sorte de foi superstitieuse s'attachait à cette fortune; elle écartait toute idée d'obstacles et de périls. Plusieurs fois même on avait dit qu'il avait quitté l'Égypte; qu'il avait débarqué; qu'il était en France, et le pays s'était ému. Puis, par un de ces retours qui suivent les espérances déçues, l'opinion irritée s'en était prise au gouvernement de l'absence de Bonaparte. Elle lui demandait compte de son sort : elle se répandait en accusations contre lui. Elle lui reprochait cette expédition d'Égypte, ordonnée sans doute pour perdre celui qui en était le chef, pour se délivrer d'une gloire qui inquiétait et dont on était jaloux. Ces plaintes se reproduisaient jusqu'à la tribune, quoique sous des formes moins amères. « Où est « Bonaparte? s'écriait le député Baudin; sa « vie, déjà épuisée, se consume sous un ciel « brûlant! Que n'es-tu parmi nous! ajoutait-il : « la République ne serait pas menacée d'une « ruine prochaine. L'Europe et les factions « la respecteraient! » Toutes les relations contemporaines témoignent avec une sorte de délire, si l'on peut s'exprimer ainsi, de ces alternatives d'espérance et de crainte qui tenaient tout un pays en suspens à propos d'un homme. Le pays en effet ne s'y trompait pas. Il avait encore besoin de vivre, de triompher, d'étonner le monde par des prodiges. Il appelait celui par qui il devait encore exister, et par qui ces prodiges devaient s'accomplir.

Tout à coup l'on annonce qu'il est arrivé, qu'il a touché le port de Fréjus, que sous trois jours il sera à Paris. Cette fois la nouvelle était vraie. Le Directoire en avait été informé deux heures auparavant par le télégraphe. Elle éclata dans Paris comme un coup de tonnerre. C'était le soir. En un instant plaisirs, affaires, tout fut suspendu. La ville entière fut illuminée. On s'arrêtait dans les rues, on se félicitait, on revenait à la vie; il n'y avait qu'un cri. Cette nouvelle répandue dans les théâtres fit cesser partout la représentation : le public, enivré, se laissait aller à ses transports; il interrompait par des cris, par des chants qui ne permettaient pas de continuer. On ne s'était donc pas trompé, il était revenu. Il y avait là comme un miracle auquel on ne voulait pas croire alors qu'on n'en pouvait douter. Il avait échappé à tous les périls; il n'en avait même pas couru : une sorte de puissance invisible l'avait protégé; elle avait veillé sur lui; elle l'avait fait passer seul au milieu de ces flottes innombrables qui croyaient garder les mers, tandis que leur ennemi, voguant tranquillement sous leurs yeux, pour ainsi dire, s'avançait sans obstacle vers le point où l'appelaient ses destinées. Quel était son but, ses desseins? Qu'allait-il faire? Venait-il pour renverser le gouvernement? Venait-il pour lui prêter l'appui de son génie, et relever la république chancelante? On ne songeait pas à se le demander. Nul ne s'en inquiétait. Il était là : on était sauvé; c'était assez!

Son passage à travers les populations depuis Toulon jusqu'à Paris ne fut qu'un long triomphe. Cette voix du peuple, qui est quelquefois la voix de Dieu, saluait en lui son libérateur. On dételait sa voiture, on la traînait. Des feux allumés sur tous les points éclairaient la route. Les cloches sonnaient de toutes parts. La France entière, depuis le plus humble habitant des campagnes jusqu'au plus riche citoyen des villes, se portait vers lui. L'enthousiasme était universel; il tenait du délire. Celui qui en était l'objet arriva à Paris le 24 vendémiaire (16 octobre de l'année 1799).

Ce retour fut-il déterminé par un ordre du Directoire, ou le Général revint-il de son propre mouvement? C'est ce qu'il est assez indifférent de savoir, bien que la question ait été fort discutée. On a dit que le gouvernement, comprenant les dangers qui le menaçaient et son impuissance à les conjurer, effrayé surtout de la marche de Souwarroff vers nos frontières, s'était décidé à rappeler le Général, et lui avait fait passer à cet effet un ordre secret. L'arrêté, pris à la date du 7 prairial précédent, aurait été signé, Treilhard, Barras, La Réveillère-Lepeaux. On en a même produit la minute. Mais La Réveillère-Lepeaux a nié dans ses *Mémoires* que cet arrêté ait été rendu. Il le regarde comme supposé, ne se souvenant pas, dit-il, de l'avoir signé, ni même vu. Un mot de Syeyès, qui sera cité plus bas, semble venir à l'appui de cette affirmation. Le Général serait donc revenu sans ordre. C'était l'opinion commune, et l'on ne manquait pas de s'en prévaloir contre lui. On lui reprochait, dans un certain parti, cette infraction aux règles de l'obéissance. On ne parlait que du châtiment qui aurait dû lui être infligé, comme si celui-là avait besoin d'un ordre pour sauver son pays à qui Dieu a donné la puissance de le faire! Comme si la voix du pays, d'ailleurs, n'était pas là tout entière pour l'absoudre.

La version la plus probable est celle-ci.

C'est celle adoptée par M. Thiers. Le Général recevait des lettres de ses amis qui l'instruisaient de l'état de la France. Il savait par eux ce qui se passait et de quels vœux il était l'objet. Après la bataille d'Aboukir, toutes les correspondances étant interceptées par la flotte anglaise, il resta longtemps sans nouvelles : son inquiétude était extrême. « Pour « tâcher d'en avoir, dit M. Thiers, il faisait « croiser des bricks avec ordre d'arrêter les « vaisseaux de commerce et de s'instruire par « eux des événements qui se passaient en « Europe. Il envoya un parlementaire à la « flotte turque, qui, sous le prétexte de négo- « cier un échange de prisonniers, devait tâ- « cher d'obtenir quelques nouvelles. Sydney- « Smith arrêta ce parlementaire, l'accueillit « fort bien, et, voyant que Bonaparte ignorait « les désastres de la France, se fit un malin « plaisir de lui donner un paquet de tous les « journaux. Celui-ci passa une nuit entière à « dévorer ces feuilles, et à s'instruire de tout « ce qui se passait dans sa patrie. Sur-le- « champ sa détermination fut prise. Il réso- « lut de s'embarquer secrètement pour l'Eu- « rope, et d'essayer la traversée au risque « d'être saisi en route par la flotte anglaise. »

On connaît les circonstances de ce voyage extraordinaire. On sait par quelle espèce de miracle ce vaisseau, auquel étaient confiées de si grandes destinées, échappa à la surveillance de la flotte anglaise. C'était *Le Muiron.* Il était suivi de la frégate *La Carrière* et des chebecks *La Revanche* et *La Fortune.* A peine avait-on levé l'ancre qu'un calme survint, qui fit tomber les voiles. On s'était embarqué la nuit, espérant traverser la flotte ennemie sans être aperçu. Si l'on attendait le jour, on pouvait être pris. Tous les officiers qui accompagnaient le Général étaient d'avis de retourner à Alexandrie. Il ne le voulut pas. « Soyez tranquilles, dit-il, nous passerons. » De même que César, ajoute M. Thiers, « il comptait sur sa fortune! »

On passa en effet, et l'on put faire voile tranquillement jusqu'à la pointe du Languedoc. Mais là on fut arrêté par un coup de vent qui repoussa la flotte du côté de la Corse. Le Général fut obligé de descendre. Reconnu à l'instant, il dut pressentir par l'enthousiasme dont il fut l'objet l'accueil qui l'attendait en France. Toute la population était accourue sur le rivage. Enfin, on remit à la voile, et l'on touchait presque la France, lorsqu'un nouvel obstacle se présenta, comme si la fortune eût voulu faire acheter sa faveur par une dernière inquiétude. Une flotte anglaise, forte de trente voiles, parut à l'horizon, longeant les côtes, et occupant l'espace qu'on avait encore à traverser. On proposait de descendre dans un canot pour aborder furtivement. Le Général, aussi confiant que la première fois, s'y refusa. Il dit qu'il fallait attendre. Au bout de quelques heures, en effet, la flotte anglaise disparaissait sans avoir rien vu!

Il est permis de croire que le gouvernement ne vit pas sans inquiétude le retour du Général. Mais, quels que fussent ses sentiments à cet égard, le mouvement de l'opinion était trop fort; il fallait avoir l'air de s'y associer, ne pouvant le combattre. C'est ce qu'on fit. On reçut le Général avec de grandes démonstrations de joie apparente : on ne lui demanda pas compte de son retour; c'était un point dont on ne parlait pas. A peine arrivé, il s'était rendu chez Gohier. Là on était convenu qu'il serait présenté le lendemain au Directoire. Il le fut, en effet. Dès que la garde l'eût aperçu, elle cria : Vive Bonaparte! La réception eut lieu en cérémonie. Malgré la contrainte qu'on éprouvait, on essaya de la rendre aussi flatteuse que possible pour le Général. Le président du Directoire l'embrassa : il le remercia au nom de la patrie des succès qu'il avait remportés; il lui parla de ceux qui l'attendaient encore. Tous les membres du Directoire parurent approuver les paroles de leur président, et se joindre à ses félicitations. Il était aisé de voir, toutefois, qu'il y avait au fond des esprits quelque chose que personne ne disait : c'était précisément ce qui faisait l'objet des préoccupations de chacun. Le Général, de son côté, ne répondit qu'en peu de mots. Il dit qu'au fond de l'Égypte il avait appris les malheurs de sa patrie, et qu'il était accouru. Il avait laissé en Orient une armée victorieuse, dont le sort était assuré, l'ayant confiée aux mains d'un des meilleurs généraux de la République. La victoire de Zurick venait d'éloigner une partie des maux qu'on avait redoutés. Il en était heureux. En toute circonstance la patrie pouvait compter sur lui.

Le Directoire parut se contenter de ces explications. C'était le seul moyen de sauver l'honneur du gouvernement; mais l'arrivée du Général changeait tout. Par le fait il n'y avait plus de gouvernement; il n'y en avait plus que l'ombre, les apparences extérieures. Un seul homme était tout; c'était Bonaparte. Il était à Paris depuis quelques heures, et déjà tout se courbait devant lui. On cédait malgré soi à cet ascendant que la force de la situation aussi bien que l'autorité du génie rendaient irrésistible. Il n'était pas jusqu'aux membres du Directoire qui ne vinssent se réfugier en quelque sorte sous la protection du Général. Sous prétexte de lui faire honneur, on l'appelait à tous les conseils; on n'osait rien décider sans son avis. Les ministres se rendaient chez lui avec leurs portefeuilles, et lui soumettaient leur travail. Il était le maître de l'administration de la guerre.

C'est ainsi que tout allait à lui, et que sans titre, dans une position qu'on eût été embarrassé de définir, il se trouvait investi en réalité de toute la puissance du gouvernement. Lui, cependant, ne s'expliquait que sur les questions de détail. Mais sur ce point si grave et qui agitait les esprits, sur la situation générale en un mot et les moyens d'y porter remède, nul ne pouvait le pénétrer. Il écoutait; il observait; il examinait en silence l'état des partis. Tous tâchaient de l'attirer à eux; les confidences lui arrivaient de toutes parts. Personne, même la plupart des républicains, ne croyait à la durée du gouvernement actuel. Ils venaient le supplier de sauver au moins la constitution de l'an III « Faites-moi Directeur, disait-il, et nous la sauverons. » On lui répondait qu'il n'avait pas l'âge. Il n'avait alors que trente ans : la constitution exigeait quarante ans. Ceux-là même qui n'avaient pas cru que les Journées du 30 Prairial et du 18 Fructidor fussent une violation de la constitution s'arrêtaient devant cet obstacle, dont s'effrayait l'austérité de leurs principes. « Sotte constitution, répondait le Général, qui « veut qu'on ait quarante ans pour être utile « à son pays! Votre respect pour cette constitution est une absurdité : elle n'existe plus! »

Les autres partis ne faisaient pas moins pour se l'attacher. Ils étaient représentés par Syeyès et par Barras. On a vu ce que voulait Syeyès; sa confiance ne lui permettait pas d'apercevoir autre chose que lui-même dans ces événements. Il ne croyait pas que rien pût se faire sans lui, ou plutôt il croyait que tout devait se faire par lui, et que les bras qui concourraient à l'exécution ne pouvaient être que des instruments trop heureux d'obéir à son inspiration. Déjà le Général l'avait vu. On avait cherché à les rapprocher, mais l'entrevue n'avait pas réussi. Le Général n'était pas fait pour se laisser prendre au prétendu mérite du grand législateur. Peut-être ne cacha-t-il pas assez son dédain pour ces formes sèches et pédantes, indices de supériorité aux yeux du vulgaire, mais si peu faites pour tromper quiconque sait voir. Syeyès avait senti ce dédain : sa vanité s'en était offensée; il ne dissimulait pas son éloignement pour le Général. « Avez-« vous vu, disait-il, ce petit insolent : il n'a pas « même daigné saluer le membre d'un gou-« vernement qui aurait dû le faire fusiller (1)! C'était, comme on l'a vu, l'expression adoptée dans un certain monde, depuis quinze jours. Il semblait que rien n'eût été plus facile que de traduire le Général en jugement et de le faire fusiller; et que si on ne l'avait pas fait, c'était uniquement par indulgence. Le Général, de son côté, ne dissimulait pas ses répugnances pour le Directeur. « Quelle idée a-« t-on eue, disait-il, de mettre ce prêtre au Di-« rectoire? Il est vendu à la Prusse; et si l'on « n'y prend garde, il vous livrera à elle. »

Il est des nécessités politiques, cependant, qui dominent toutes les antipathies. Quelle que fût la valeur réelle de Syeyès, sa réputation n'était pas moins très-grande, et son crédit en raison de l'importance qu'elle lui donnait. Il était en ce moment le premier personnage de l'ordre civil, comme le Général était le premier de l'ordre militaire : tous deux avaient besoin l'un de l'autre. On le leur fit sentir; on parvint à les réconcilier, et c'est par eux en définitive que fut résolue et préparée la Journée du 18 Brumaire.

Pour Barras, il y avait entre le Général et lui une barrière que rien ne pouvait franchir : c'était celle du mépris. Il est une louange qui de tout temps a pu être adressée à l'Empereur, et peut-être n'en est il pas de plus belle. C'est la répulsion que lui inspirait la corruption. Il avait en outre des motifs de ressentiment personnels et très-légitimes contre Barras. On a cru pendant longtemps, et c'est une opinion aujourd'hui encore assez répandue, que Barras était l'auteur de la fortune du général Bonaparte, par le rôle qu'il lui avait assigné dans les événements de Vendémiaire (1) Rien n'est moins exact. Le Général, il est vrai, conduisit toutes les opérations; mais ce n'était pas à titre de commandant en chef : c'est à Barras que ce titre avait été donné par la Convention : aux termes de l'arrêté, le général Bonaparte n'était que son lieutenant. On sait quelle fut la part du chef et celle du lieutenant dans cette journée. Barras, qui avait trouvé bon de s'en reposer entièrement sur Bonaparte pour assurer le succès, ne craignit pas, deux jours après, de s'attribuer tout le mérite d'une victoire à laquelle il n'avait contribué ni par le conseil ni par l'action. En sa qualité de chef, c'était à lui à faire le rapport. Il le fit; et ce rapport, que l'on peut lire dans le *Moniteur* (2), est un de ces monuments qu'on a peine à qualifier, lorsqu'on songe à la manière dont les choses s'étaient passées sous les yeux de tout le monde, il n'y avait pas plus de deux jours, et aux démentis que la notoriété publique infligeait de tous côtés à cet étrange document. Il est difficile de professer plus ouvertement, et avec une assurance plus extraordinaire, le mépris de toute vérité. Barras ne parle que de lui, des dispositions qu'il a prises, des mesures qu'il a ordonnées. Quant à ses lieutenants, il les tient dans un tel loin-

(1) Ce mot semble indiquer, ainsi qu'on l'a dit plus haut, qu'aucun arrêté n'avait été rendu pour faire revenir le Général.

(1) Voir l'article Vendémiaire, tome XXVII.

(2) MM. Buchezet Roux l'ont reproduit dans leur *Histoire Parlementaire de la Révolution Française*, tome 37, p. 46.

tain, si cela peut se dire, que c'est à peine si l'on s'aperçoit qu'il ait eu des lieutenants. Il ne les désigne jamais par leur nom; il est plus exact de dire qu'il n'en parle point. A la fin seulement, et comme par un sentiment de pure bienséance, il demande en deux lignes que des remerciements leur soient votés, ayant eu à se louer de l'intelligence et de l'activité qu'ils ont montrées dans l'exécution de ses ordres. C'est la seule fois que le nom de Bonaparte se trouve cité dans cette pièce.

On peut juger par là de la bienveillance du protecteur pour le protégé, et si véritablement Barras était aussi disposé qu'on l'a cru à produire le général. L'Empereur a fait mention de ce rapport dans ses *Mémoires*. Il suffit de songer à ces deux noms pour comprendre sinon son irritation, au moins ses sentiments à l'égard de Barras, outre le caractère de celui-ci et sa conduite au gouvernement. Barras ne s'y trompait pas. L'arrivée du Général avait été un coup de foudre pour lui. Aussi depuis ce temps à peine le voyait-on. Il se tenait chez lui, n'osant pas se montrer, et ne prenant plus de part à rien. Avec lui tremblait tout ce parti, dont il était le chef, composé d'agents d'affaires, de fournisseurs, d'intrigants de toute sorte, qui avaient déshonoré le gouvernement du Directoire, et qu'on appelait le parti *des pourris*. Tous ces gens-là sentaient que leur règne était fini, et que leur influence allait cesser. Mais si Barras, malgré son assurance accoutumée, évitait toutes les occasions de se rencontrer avec le Général, il ne laissait pas de le faire pressentir par ses agents pour savoir ce qu'il en pouvait craindre, sa conscience lui disant qu'il n'avait rien à en espérer. Le plus habile de ces agents était Botot, son secrétaire, que les mémoires du temps s'accordent à représenter comme une espèce de Figaro politique, serviteur bien digne d'un tel maître, dont il avait toute la confiance, et qui l'employait dans ses affaires les plus délicates, s'il est permis d'user d'un tel terme en parlant de ces deux personnages. Botot avait cherché par tous les moyens à s'introduire auprès du Général. Il l'avait vu plusieurs fois, mais sans pouvoir le pénétrer au sujet de Barras, le Général n'ayant pas l'air d'entendre et ne répondant pas chaque fois qu'il était question du Directeur. Ce silence était trop significatif pour ne pas redoubler les terreurs de Barras. Il s'adressait à ses amis, les priant d'intervenir pour lui auprès de Bonaparte. Enfin, on les fit trouver ensemble chez un des membres du Directoire. Cette entrevue fut froide; on resta dans les termes généraux. Barras, ne pouvant maîtriser son inquiétude, bien qu'il affectât un grand sang-froid, mit la conversation sur la politique. Il dit qu'en effet des changements lui paraissaient nécessaires; que les choses ne pouvaient durer ainsi; que la constitution devait être modifiée; que peut-être serait-il bien de substituer à l'autorité de cinq magistrats, celle d'un président chargé à lui seul du pouvoir exécutif. Pour lui, son avis était, disait-il, qu'on nommât président le général Hédouville. Il regardait Bonaparte en prononçant ce mot. Il était difficile de se tromper plus grossièrement. L'Empereur dit dans ses *Mémoires* qu'il ne lui répondit pas, mais qu'il lui lança un coup d'œil dont celui-ci fut atterré.

Il fallait en finir cependant. Depuis quinze jours, ainsi qu'on l'a dit, il n'y avait plus de gouvernement. On n'expédiait plus que les affaires courantes. Dans les Conseils même on ne discutait plus; on attendait. Chaque jour on se demandait si la crise (c'était le terme dont on se servait) n'éclaterait pas le lendemain. On avait essayé de remplir ce vide par des fêtes, des repas donnés au Général, particulièrement celui qui lui fut offert dans l'église Saint-Sulpice. Moreau s'y trouvait également. C'était la seconde fois que les deux généraux se voyaient; celui-ci, embarrassé de sa réputation, qui le condamnait à un rôle que la faiblesse de son caractère ne lui permettait pas de soutenir, l'autre jugeant bien dès le premier coup d'œil que Moreau ne serait pas un obstacle pour lui. Une sorte de parti, en effet, s'était formé autour de Moreau. On voulait l'opposer au général Bonaparte. La vanité, les petits motifs personnels entraient pour beaucoup dans les dispositions de ce parti, qui n'était, à proprement parler, qu'une coterie. On dit même, et il est fâcheux que l'histoire ait à s'occuper de détails si misérables, que des querelles de femmes, des jalousies inspirées par la position de Mme Bonaparte, étaient la principale cause de cette inimitié. C'est pour satisfaire à ces jalousies que Moreau s'engagea depuis dans cette voie funeste où devait se perdre jusqu'au souvenir des services rendus par lui. On l'excitait; on cherchait à en faire le rival du vainqueur de l'Égypte. A ce banquet, cependant, il fut subjugué; et l'on dut prévoir à son attitude que s'il jouait un rôle dans les événements qui se préparaient, ce rôle ne serait ni le plus considérable, ni le plus propre à satisfaire les espérances ou même l'amour propre de son parti. Cet embarras, du reste, régnait chez tous les convives. On porta des toasts, mais en termes vagues, qui pouvaient s'appliquer à toute circonstance: ainsi « *A l'union de tous les Français*, ou bien « *A tous les fidèles alliés de la République.* » Il était aisé de voir que les esprits étaient ailleurs. Le général Bonaparte resta à peine quelques instants, convaincu que l'heure était venue de mettre fin à une situation qui ne pouvait se prolonger sans péril pour l'État, et sans amener du ridicule peut-être sur la plupart des personnages qui fixaient en ce moment les regards du public.

Les choses arrêtées en principe avec Syeyès, on se réunit chez Lemercier, président du Conseil des Anciens, pour convenir des dispositions à prendre. Un assez grand nombre de membres appartenant aux deux conseils étaient dans le secret. Ils assistaient aux conférences. Ce sont ceux que le parti opposé a désignés plus tard sous le titre de *conjurés*, dans les relations faites par les écrivains de ce parti. On y remarquait Lucien Bonaparte, Boulay de la Meurthe, Regnier, Courtois, Lemercier, Goupil Préfeln, Cornudet, etc., etc. M. Thiers y ajoute le nom de Daunou. On sait quelle était l'organisation des deux Conseils, d'après la constitution de l'an III. Il y avait d'abord le Conseil des Anciens, siégeant aux Tuileries. Ce conseil était composé de membres âgés de quarante ans, au moins, et qui tous devaient être mariés. C'était une sorte de sénat, de chambre des pairs, représentant, pour parler la langue politique d'aujourd'hui, l'élément conservateur et modéré introduit par la constitution dans le pouvoir législatif. La majorité, en général, était assez éclairée, et se rendait compte des nécessités du moment. On pouvait compter d'avance sur son adhésion.

Il n'en était pas de même du Conseil des Cinq-Cents. Cette seconde chambre naturellement était animée de l'esprit démocratique : c'était un reste de la Convention. Là se rencontraient les républicains purs, ou du moins ceux qui se disaient et peut-être se croyaient tels. Leur position en dépendait. La république seule, comme ils l'entendaient, pouvait donner à la plupart une sorte de rôle et d'existence. Un certain nombre en outre avaient siégé à la Convention : ils en avaient formé cette partie obscure et infime que la violence même de ses passions n'a pu protéger contre l'oubli. C'est à cela sans doute qu'ils avaient dû d'être épargnés après le 9 Thermidor. Mais si leur obscurité les avait sauvés, leurs passions n'avaient pas changé, et l'on devait s'attendre de leur part à une vive opposition. Il suffisait pour être admis dans ce Conseil, en cas d'élection, d'être âgé de vingt-cinq ans. C'était ajouter la fougue de la jeunesse à celle des opinions.

Tel était le principal obstacle à vaincre. Il n'y avait pas à se tromper sur l'attitude du Conseil des Cinq-Cents : elle était sombre, et témoignait de sa défiance et de ses appréhensions. Il ne s'abusait pas sur la nature des changements médités ou qui pouvaient l'être. Il comprenait que le moindre serait sa perte, et que tout depuis quinze jours y tendait. Aussi ne s'était-il associé en rien au mouvement produit par l'arrivée du général Bonaparte. Il se tenait à l'écart, examinant d'un œil inquiet et dans un silence hostile ce qui se passait. A peine le nom du Général avait-il été prononcé une seule fois au milieu des délibérations. On n'avait pas voulu avoir l'air d'attacher de l'importance à son retour. Mais au fond on sentait que là était l'ennemi, et l'on se tenait sur ses gardes.

La constitution offrait un moyen de prévenir l'opposition qui s'élèverait de ce côté, ou au moins d'en paralyser l'effet. Ce moyen, c'est Régnier qui le proposa dans une des réunions tenues chez Lemercier.

La plupart des malheurs qui avaient marqué l'époque précédente étaient venus, on le sait, de la présence obligée de l'assemblée à Paris. Cette assemblée, emprisonnée dans l'enceinte de la ville, s'était vue soumise, sans pouvoir s'y soustraire, à l'action d'une multitude furieuse déchaînée par ses agitateurs. C'est par là que son autorité lui avait été arrachée pour passer tout entière dans les mains de la minorité et des chefs de club. C'est par là qu'elle avait été obligée de voter la mort de Louis XVI malgré les dispositions manifestes de la majorité. On se souvenait enfin de cette Journée du 31 Mai, l'une des plus odieuses peut-être dont les annales de notre histoire fassent mention. La constitution de l'an III, pour éviter le retour de pareils excès, avait décidé que les Conseils pourraient, suivant les circonstances, être transportés dans telle ville ou tel lieu qui serait jugé convenable. C'était le Conseil des Anciens qui appréciait l'opportunité et désignait le lieu, sur la proposition de ses inspecteurs. Les inspecteurs étaient des officiers choisis dans le sein de chaque Conseil : leurs fonctions répondaient à celles de questeurs ou de référendaires dans nos dernières assemblées. Aussitôt le décret porté, toute délibération devait cesser; la moindre opposition constituait l'état de révolte. Les représentants devaient se rendre immédiatement dans la ville qui leur était indiquée. Les dangers prévus étaient ceux-ci : une insurrection, ou encore une armée ennemie marchant sur la capitale ; une conspiration tendant à détruire le gouvernement, et menaçant la vie de ses membres. C'est sur ce dernier motif qu'on s'appuya, d'après l'avis de Régnier. Il n'existait pas, il est vrai, de conspiration dans le sens étroit attaché à ce mot. On ne pouvait pas citer de nom, indiquer d'assemblées, de conciliabules secrets, de complot proprement dit. Mais cette conspiration, où donc n'était-elle pas? car c'est là ce qu'il fallait se demander, et non où elle était. Qui donc ne l'apercevait pas, ne la sentait pas de tous côtés? Qui croyait à la constitution? Sauf une minorité imperceptible, quel était celui qui ne voulait pas plus ou moins, et qui, tout en l'invoquant, ne cherchât pas à la détruire En d'autres termes, la conspiration était partout; et c'est cette conspiration qui ruinait le pays, qui allait le conduire à l'abîme si l'on ne se hâtait d'y mettre ordre.

Il n'y avait pas de temps à perdre : déjà des bruits circulaient, et il eût été difficile de garder le secret plus longtemps. Lorsqu'un événement important se prépare, il est rare que certains signes ne l'annoncent pas à l'avance. Tout, jusqu'au silence, devient un indice pour les esprits attentifs. Plusieurs membres des Cinq-Cents, alarmés par quelques mots surpris à leurs collègues, ou quelques démarches dont ils ne s'expliquaient pas le motif, étaient allés trouver Barras. Ils l'avaient exhorté à se réunir à Gohier et à Moulins. Il était évident que la république était menacée. Il fallait nommer Bernadotte ministre de la guerre. Bernadotte passait pour républicain alors : on connaissait son éloignement pour le général Bonaparte ; on ne doutait pas que, soutenu par la majorité du Directoire, il ne prît toutes les mesures propres à arrêter les conjurés, comme on disait : Barras serait l'âme de tout. C'était sur son énergie que l'on comptait pour exécuter ce projet; on voit par là où en était réduit ce parti. On pressait le directeur; on en appelait à son courage, à ses serments tant de fois répétés de monter à cheval dans des circonstances bien moins graves que celle-ci. Telle était en effet l'habitude de Barras, fort emporté en paroles, et qui aimait à se croire un homme d'action, surtout à le faire croire. Il s'écriait à chaque instant qu'il monterait à cheval, et écraserait tout. Le moment était venu cette fois, mais non pour lui à ce qu'il paraît, car on n'en put rien tirer. Timide et incertain jusqu'à la fin, c'est à peine si l'on en obtint une parole. Ce qui le touchait, ce n'était pas le salut de la république, c'était le sien, et, se sentant perdu de tous côtés, toute son énergie, s'il en avait jamais eu, l'abandonnait.

Dans le camp opposé, cependant, tout était prêt. Il avait été convenu que le Conseil des Cinq-Cents serait convoqué pour le 18 au matin, que là on demanderait la translation des deux conseils à Saint-Cloud ; et que le décret obtenu, on chargerait le Général de le faire exécuter. Il serait nommé à cet effet commandant de la dix-septième division militaire, c'est-à-dire de l'armée de Paris. Lui, de son côté, donna ordre aux troupes de la division de se rendre le 18 au matin à Paris, où il voulait, disait-il, les passer en revue (1). Le 17 tout était disposé. C'est alors que commença cette grande scène qui allait ouvrir l'une des périodes les plus extraordinaires de notre histoire.

La première mesure à prendre était d'assembler le Conseil des Anciens. Les inspecteurs s'étaient chargés de ce soin. Ils s'étaient réunis dès la soirée du 17 dans la salle même qui leur était affectée au palais des Tuileries. La nuit se passa à écrire les lettres de convocation. Toutes étaient remises à huit heures du matin. Les choses s'étaient faites dans le plus grand secret; on avait poussé la précaution jusqu'à fermer les volets, de peur que la lumière aperçue du dehors ne fît soupçonner un travail quelconque dans le sein de la commission. On avait eu soin aussi de faire doubler les postes autour des Tuileries.

La séance était annoncée pour huit heures du matin. Presque tous les membres s'y rendirent, fort émus pour la plupart, et montrant cet étonnement qui, par un effet assez étrange, se manifeste toujours à l'heure où les choses s'accomplissent, même dans les événements les plus prévus. Ils se demandaient quel pouvait être l'objet de cette réunion extraordinaire. On attendait avec impatience les communications qui allaient être faites. Le président Lemercier ouvrit enfin la séance. Il était environ huit heures et demie. Le député Cornet se leva aussitôt, demandant la parole : Cornet était le président de la commission des inspecteurs, et chargé à ce titre d'expliquer les motifs de la convocation.

Il parla des dangers qui entouraient la République, des complots qui se tramaient de toutes parts, et qui en menaçaient l'existence. Il dit que les symptômes les plus alarmants se produisaient depuis plusieurs jours ; que les rapports les plus sinistres arrivaient au gouvernement. « Si des mesures ne sont pas « prises, ajoutait-il ; si le Conseil des Anciens « ne met pas la patrie et la liberté à l'abri des « plus grands dangers qu'elles aient encore « courus, l'embrasement devient général : « nous ne pouvons plus en arrêter les dévo- « rants effets ; il enveloppe amis et ennemis, « la patrie est consumée, et ceux qui échap- « peront à l'incendie verseront des pleurs « amers et inutiles sur les cendres qu'il aura « laissés sur son passage (1). » Puis, voulant frapper apparemment l'assemblée par un dernier trait : « Représentants, s'écria-t-il, un ins- « tant suffit; si vous ne le saisissez pas, « la République aura existé, et son squelette « sera *entre les mains* des vautours, qui s'en « disputeront les membres décharnés. »

Si grand que dût être à cette époque l'effet de pareilles images, ce discours, qui n'apprenait rien, fut accueilli assez froidement. Il laissait l'Assemblée incertaine, et ne lui expliquait pas ce qu'on voulait. Cornet n'avait

(1) Cet ordre prouve de quelle puissance l'opinion avait investi le Général. Il n'avait pas qualité pour le donner ; il n'avait aucun titre officiel. Il n'y avait que le ministre de la guerre qui eût ce droit.

(1) Voir le *Moniteur* et *Hist.* de MM. Buchez et Roux.

pas été plus loin, soit timidité, soit qu'il fût convenu avec ses collègues de se borner à des déclarations générales. Il n'avait pas posé de conclusions. Or, ce n'était pas de l'éloquence qu'il fallait en ce moment, puisque enfin on appelait cela de l'éloquence; c'était une suite de propositions formelles, indiquant clairement le danger et les moyens de le prévenir ou d'y porter remède.

Regnier, s'apercevant de l'impression fâcheuse produite par ce discours, courut à la tribune; et sans s'exprimer peut-être en meilleurs termes que son collègue, il eut l'avantage d'être plus net, et dire à l'Assemblée ce qu'on attendait d'elle. Il fit aussi la peinture des maux prêts à fondre sur la République. La représentation nationale surtout était menacée; c'était sur elle qu'était levé le poignard des conspirateurs. Avec elle périssait la patrie. Le péril était imminent; il n'y avait qu'un moyen de le conjurer : c'était de transporter les Conseils hors Paris. Là en effet était tout le danger, dans leur présence au milieu de la ville « A Dieu ne « plaise, disait Régnier, que je fasse aux ci« toyens de Paris l'injure de les croire ca« pables d'attenter à la représentation natio« nale. Je ne doute pas, au contraire, qu'ils « ne lui fissent au besoin un rempart de leur « corps; mais cette ville immense renferme « dans son sein une foule de brigands auda« cieux et de scélérats désespérés, semés et « jetés parmi nous de toutes les parties du « globe par cette exécrable faction de l'é« tranger qui a causé tous nos malheurs. Ces « instruments du crime vous épient, vous « observent, attendent avec une impatience « féroce un moment d'imprévoyance ou de « surprise pour vous frapper, et par consé« quent frapper au cœur la République elle« même. Représentants du peuple, la voix « de la patrie, la voix de votre conscience se « font entendre. Point de temporisation, elle « pourrait vous coûter de bien amers regrets !. »

Il finissait en proposant d'ordonner la translation des deux Conseils à Saint-Cloud pour le lendemain même : ils devaient être en séance à midi. Le général Bonaparte serait chargé de l'exécution du décret. Il aurait pour mission de veiller à la sûreté de la représentation nationale; toutes les troupes seraient mises sous son commandement. Il leur serait enjoint de lui obéir, ainsi qu'à tous les citoyens de lui prêter main-forte à la première réquisition. De plus, on adresserait aux habitants de Paris une proclamation qui serait imprimée et affichée sur-le-champ dans les rues.

Ces diverses propositions furent votées à l'heure même, malgré l'opposition de quelques membres, qu'on ne se donna pas la peine d'écouter. On s'occupa de rédiger la proclamation. Le projet, proposé par Cornudet, fut adopté. Cette proclamation contenait en résumé ce qui venait d'être dit dans la séance. Elle invitait le peuple au calme : elle l'engageait à s'en reposer sur la sagesse de ses représentants. Elle finissait par ces mots : *Vive le peuple, par qui et en qui est la République !* Après quoi le Conseil, qui avait ordonné qu'on avertît le général Bonaparte pour l'investir du commandement, suspendit la séance jusqu'à l'heure où il arriverait.

Le gouvernement n'avait été prévenu de rien. Il était dans la plus complète ignorance. Aucun message n'avait été envoyé au Luxembourg. Syeyès et Ducos, il est vrai, s'étaient rendus dès le matin aux Tuileries, mais ce n'était plus en qualité de membres du Directoire. Quant à Gohier, Moulins et Barras, ils étaient restés au Luxembourg, n'ayant nul soupçon de ce qui se passait. Le secret avait été si bien gardé, que Gohier, quelques jours auparavant, avait invité le général Bonaparte à dîner précisément pour cette journée du 18 qui devait être la dernière du Directoire. D'après un mot qui lui échappa lorsque les événements lui furent connus, on peut supposer que ses préoccupations n'allaient pas au delà de ce repas et des détails de la réception qu'il préparait au Général.

Le Général, cependant, attendait dans sa maison de la rue Chantereine le résultat de la délibération du Conseil des Anciens. Il était entouré d'une foule de généraux, d'officiers de tous grades, qui depuis le matin s'étaient rendus à son appel et dont le nombre grossissait à chaque instant. Là se trouvaient Lannes, Murat, Leclerc, Moreau même, Sébastiani, Macdonald, Berthier, etc., etc. Presque tous ignoraient pourquoi le Général les avait fait venir. Ce qui se passait dans Paris cependant annonçait des circonstances extraordinaires. Les Tuileries, la place de la Concorde étaient occupées par des troupes; des piquets de cavalerie stationnaient le long des boulevards; une partie du régiment de dragons commandé par le colonel Sébastiani était allée se ranger dès le matin le long de la rue Chantereine. Il était évident que l'heure était venue où de grands changements allaient s'accomplir; mais lesquels et par l'ordre de qui? Voilà ce que tout le monde se demandait. La foule remplissait la maison du Général. Lui cependant allait de l'un à l'autre; il expliquait en peu de mots l'état des choses, la nécessité de sortir de la situation où l'on était. Son nom, la vivacité de son langage achevaient de séduire ceux qui n'étaient pas convaincus, car il en était quelques-uns, et parmi ceux-là Lefebvre, Augereau, Bernadotte.

Pour Lefebvre, il ne fut pas difficile de le persuader, bien qu'il fût dévoué au Directoire.

« Quoi! lui dit le Général, vous, l'un des sou-« tiens de la République, voulez-vous la laisser « périr dans les mains de ces avocats? Unissez-« vous à moi pour m'aider à la sauver. — Te-« nez, ajouta-t-il en prenant un sabre; voilà « le sabre que je portais aux Pyramides; je « vous le donne comme un gage de mon estime « et de ma confiance. » — « Oui, dit Lefebvre « dans son langage accoutumé, jetons les avo-« cats à la rivière (1)! »

Il n'était pas aussi aisé de vaincre la résistance de Bernadotte. Esprit fin, ambitieux et dissimulé, il avait joué jusque ici un rôle assez équivoque, rôle qui fut le sien du reste jusqu'au moment où les circonstances vinrent couronner son ambition. On le croyait alors républicain, ou plutôt les républicains, s'apercevant de sa jalousie contre le général Bonaparte, avaient tâché d'en profiter, et affectaient, avec la bonne foi propre aux partis, de le considérer comme un des leurs. Au fond il n'était rien. Il ne voulait qu'une chose évidemment : être le premier, et, autant qu'il est permis d'en juger par ses actes jusqu'au jour où il y parvint, toute sa politique consistait à semer des obstacles sur la route de quiconque tendait à une position supérieure. Avec des talents très-réels, ayant trop peu d'éclat pour se désigner lui-même, il se contentait d'empêcher, en attendant que le sort vînt lui offrir ce qu'il n'osait demander. Tel était, suivant les apparences, le secret de son opposition et de toute sa conduite. C'est la conduite froide, réservée, prudente, de ceux qui avec des facultés de second ordre ne laissent pas d'aspirer à un premier rang. Il marchait seul, et ne se communiquait pas, ce qui faisait qu'en cherchant à se l'attacher, on s'y fiait en général assez peu. Il avait été convoqué de même que tous les autres officiers généraux, et s'était rendu à la rue Chantereine, bien décidé à ne pas s'associer au mouvement. Dès que le Général l'eut aperçu, il alla à lui, et lui demanda ce qu'il comptait faire. Il manifesta son opposition dès les premiers mots. Peu à peu une altercation s'engagea; des paroles vives furent échangées (2). « Nous avons tous combattu pour la « république et pour la constitution, disait « Bernadotte, et nous voulons les conserver « et les défendre! Que voulez-vous? Qu'allez-« vous faire? » — « Je veux la république, re-« prit Bonaparte, nous la voulons tous; mais « je ne veux plus de faction! Au surplus vous « ne sortirez pas d'ici sans me promettre... ! » A ce mot Bernadotte, se méprenant sur la pensée du Général, l'interrompt violemment. — « Quoi! s'écrie-t-il, serais-je prisonnier ici? » Dans la chaleur de son mouvement, il agitait une canne qu'il tenait à la main. Le Général se trompe à son tour sur ce geste. Il dit à Bernadotte qu'il va le faire arrêter et fusiller. On se jette entre eux; on parvient à les calmer. On croit que Bernadotte finit par donner sa parole qu'il resterait neutre; le fait n'est pas bien certain. Quoi qu'il en soit, il ne parut pas dans ces deux journées.

Quant à Augereau, il était né au faubourg Saint-Marceau : il en avait conservé les habitudes et le langage : c'était un admirable soldat et une tête faible. Il se croyait obligé par son origine à être républicain, et y mettait une sorte de vanité qu'on ne manquait pas d'exploiter. Il déclamait contre les aristocrates, et souvent aussi contre le général Bonaparte quand le Général n'était pas là. Alors on s'emparait de lui; on lui faisait croire qu'il pouvait lutter. Il partait furieux; puis, le moment venu, toute cette colère tombait : il était subjugué. Depuis quelque temps déjà il s'était mis en opposition avec le Général, ce qui ne l'empêcha pas, le 18 au matin, d'aller offrir ses services, bien qu'il n'eût pas été mandé, par exception. « Eh bien, Général! dit-il à Bona-« parte, tu veux sauver la patrie et tu oublies « Augereau! » Bonaparte, mécontent de lui, répondit à peine. Il n'acceptait pas son concours. Ainsi éconduit, Augereau se retira; mais, à la différence de Bernadotte, on put l'apercevoir le lendemain dans les cours du château de Saint-Cloud, attendant, dit M. Thiers, « le moment favorable pour ramener les « troupes du côté des Conseils, » c'est-à-dire contre Bonaparte.

Lui, Bernadotte et Jourdan étaient les seuls opposants de marque dans l'armée. Le reste était prêt à suivre Bonaparte partout où il irait. On attendait en tumulte dans la cour et les appartements du Général, lorsque le message qui l'appelait au Conseil des Anciens arriva. Ce message lui fut remis par le député Cornet lui-même et Huard, l'un des membres du Conseil. « Général, dit Huard, le Conseil des Anciens « m'a chargé de vous notifier le décret qui vous « nomme commandant de la garde du Corps-« Législatif. C'est pour moi un grand jour, puis-« qu'il me procure l'honneur de voir un grand « homme et le sauveur de ma patrie. — Oui, « nous la sauverons, répliqua le Général »; et, se portant sur le perron de l'hôtel, il lut aux officiers réunis dans la cour le décret du Conseil. Il leur demanda une dernière fois s'il pouvait compter sur eux : tous les bras se levèrent en même temps; l'acclamation fut unanime. Aussitôt l'on monta à cheval, et l'on se rendit, par le boulevard, jusqu'au Conseil des Anciens. L'enthousiasme des troupes était extrême; les cris Vive Bonaparte! éclataient dans les rangs. Quant au peuple proprement dit, il était agité, mais non inquiet. Il suivait sans paraître

(1) Thiers.

(2) Buchez et Roux, *Histoire parlementaire*.

prendre à ce qui se passait d'autre intérêt que celui de la curiosité. Il ne tenait aucunement, ainsi qu'on l'a dit, à l'existence du gouvernement. L'indifférence avait fait place chez lui à la passion politique : il courait là comme à un spectacle, pour voir celui qui l'emporterait. Cette attitude, il la conserva pendant les événements ; l'ordre ne fut pas troublé un seul instant dans Paris. On voyait tomber ce gouvernement tranquillement ; et si l'on ne prêtait pas la main pour le renverser, on ne faisait pas un vœu pour le soutenir.

Introduit au Conseil, le Général parut à la barre, escorté de Berthier, Lefebvre, Moreau, Macdonald, Murat, Moncey, Serrurier, Beurnonville, Marmont, etc., etc.

« Citoyens représentants, dit-il, la Républi-
« que périssait ; vous l'avez su, et votre décret
« vient de la sauver. Malheur à ceux qui vou-
« draient le trouble et le désordre ! Je les ar-
« rêterai, aidé du général Lefebvre, du gé-
« néral Berthier, et de tous mes compagnons
« d'armes.

« Qu'on ne cherche pas dans le passé des
« exemples qui pourraient retarder notre
« marche : rien dans l'histoire ne ressemble
« à la fin du dix-huitième siècle, et rien dans
« la fin du dix-huitième siècle ne ressemble
« au moment actuel. Votre sagesse a rendu ce
« décret, nos bras sauront l'exécuter. Nous
« voulons une république fondée sur la vraie
« liberté, sur la liberté civile, sur la repré-
« sentation nationale ; nous l'aurons : je le
« jure en mon nom et en celui de mes com-
« pagnons d'armes ! »

Aussitôt après la réponse du président, qui confirmait le décret, le Général se rendit avec son état-major dans la salle des inspecteurs. Il y resta toute la journée du 18. Tous les ordres partaient de ce point. Berthier les écrivait sous la dictée du Général, dont le premier soin fut de pourvoir aux différents commandements et de désigner les positions qui devaient être occupées par les troupes. Lefebvre et Andréossy étaient nommés lieutenants du Général en chef ; Murat était mis à la tête de la cavalerie, et Marmont de l'artillerie ; Lannes avait la garde des Tuileries, alors Palais des Anciens. Le général Berruyer avait le commandement des Invalides, et le général Moraud celui de la place de Paris. La division militaire de Versailles était mise sous les ordres de Macdonald. Serrurier était nommé chef de la garde des deux Conseils. Quant à Moreau, il était désigné pour commander au Luxembourg. On crut voir une sorte de vengeance dans cette destination, qui réduisait le plus illustre de ces officiers généraux, après Bonaparte, au rôle de simple surveillant, et presque de geôlier, car c'était le terme dont on se servait. On prétendait que le Général avait saisi cette occasion d'abaisser celui que l'opinion lui donnait pour rival, en montrant de quoi il était capable par faiblesse de caractère. Moreau en effet avait pour mission de veiller sur les trois Directeurs restant, dans le cas où ils voudraient faire quelques tentatives. On n'en doit pas conclure que Bonaparte ait eu l'intention que lui supposait l'esprit de parti, toujours prompt à s'emparer des moindres apparences. Il avait, du reste, d'assez légitimes griefs, sinon contre Moreau, au moins contre son entourage, pour en user ainsi avec lui. Moreau subissait la peine de tous ceux dont le caractère est trop incertain pour commander la confiance : ce n'est qu'en les compromettant qu'on peut se les assurer.

Au Luxembourg, cependant, l'émotion était grande. On venait d'être averti de ce qui se passait. Mais que faire ? Quel parti prendre ? On était surpris à l'improviste ; on n'avait pas même un soldat sous la main. A la première nouvelle des événements le vide s'était fait autour du Directoire. La garde d'honneur affectée au service du Luxembourg, apprenant l'arrêté qui appelait le général Bonaparte au commandement, était allée le rejoindre aussitôt. Les trois Directeurs restaient seuls dans leur palais abandonné. Ils recevaient en même temps une lettre de Syeyès et de Ducos, avertissant leurs collègues qu'ils venaient de donner leur démission. Une lettre du général Bonaparte, jointe à celle-ci, les invitait à suivre cet exemple. Le Général les y exhortait au nom de leur patriotisme, leur démontrant que c'était en vain qu'ils chercheraient à défendre une constitution qui n'existait plus. Il restait donc trois Directeurs, Gohier, Barras et Moulins. A eux trois ils formaient la majorité du Directoire. C'était assez, aux termes de la constitution, pour donner force de loi à leurs décisions ; mais il fallait s'entendre, convenir de quelque chose, tenter au moins, quoi qu'il en coûtât.

Moulins et Gohier étaient décidés ; ils avaient résolu de ne point donner leur démission. Mais Barras, pouvait-on compter sur lui ? Tout ce qu'on essayerait n'était rien s'il refusait de s'associer à ses deux collègues. Gohier et Moulins courent chez lui. Il était au bain. Il les écouta d'un air assez indifférent, et comme un homme qui n'attachait qu'un intérêt médiocre à tout cela. Il était las, disait-il, des affaires publiques ; il avait besoin de repos. Toutefois, lorsqu'on lui apprit que le Général était à la tête du mouvement, il ne laissa pas de paraître irrité. Il s'emporta, suivant son usage, en paroles grossières : « Cet homme nous « a tous trompés, » s'écria-t-il en termes qui qui ne se peuvent rapporter. Enfin, pressé par ses collègues, qui lui reprochaient son apathie, il promit de s'unir à eux, « car il promettait toujours », dit M. Thiers. En attendant, il envoya son secrétaire Botot pour aller, disait il, à la découverte. Ce qu'il ne disait pas, c'est qu'il l'envoyait pour traiter de ses intérêts, suivant toute apparence, et faire acheter sa démission au général Bonaparte.

Mais cette démarche même allait hater sa chute et la rendre aussi honteuse qu'elle était méritée. Le Général, a-t-on dit, se trouvait dans la salle des inspecteurs. La salle était pleine de généraux, d'officiers, de fonctionnaires de tous grades recevant ses ordres et se préparant à les exécuter. Botot était parvenu à percer la foule et à se glisser jusqu'à lui. Le Général l'aperçoit. Il court à lui, et, sans lui permettre de dire un mot, il l'interpelle violemment, au milieu même de ce cercle qui les entourait, comme s'il eût craint que le châtiment ne fût pas assez public. Le moment était venu d'en finir avec Barras et avec cette troupe ignoble qui formait sa cour, ou, si l'on veut, son parti. C'est ce qu'avait senti le Général. S'adressant au maître dans la personne de l'agent : « Que voulez-vous? » s'écria-t-il. « Qu'avez-vous fait de cette France que j'avais « laissée si brillante? J'avais laissé la paix, « je retrouve la guerre; j'avais laissé des vic« toires, j'ai retrouvé des revers; j'avais « laissé les millions de l'Italie, j'ai retrouvé « des lois spoliatrices et la misère! Que sont « devenus cent mille Français que je connais« sais, tous mes compagnons de gloire? Ils « sont morts! »

A peine Botot s'était-il retiré, écrasé sous cette foudroyante apostrophe, qu'apparurent Moulins et Gohier, accourant du Luxembourg tout émus, pour demander des explications au Général. « Eh quoi! » lui disait Gohier, « vous qui deviez dîner aujourd'hui au « Luxembourg! c'est vous-même qui aviez « fixé le jour; l'aviez-vous oublié? Était-ce « un piége? » — « Non, dit le Général, mais « je ne prévoyais pas la décision du Conseil « des Anciens. »

La discussion s'engagea aussitôt : elle fut vive, si l'on en croit les relations. Les deux Directeurs ne voulaient entendre à rien. Ils reconnaissaient aux Anciens le droit d'ordonner la translation du Corps Législatif; mais pour quelle raison en ce moment? C'était là ce qui les étonnait. Il n'y avait rien, suivant leur opinion, qui nécessitât une mesure de ce genre. La République leur paraissait aussi prospère qu'on pouvait le désirer. Le Général leur dit que ce n'était pas apparemment l'avis de tout le Directoire, puisque deux de leurs collègues avaient donné leur démission. Il les invita encore à suivre cet exemple. « Pour quel motif? » répétait Gohier, qui ne pouvait parvenir à en apercevoir un. — « Parce qu'il n'y a plus de Di« rectoire, » répliqua le Général. — Gohier parla alors de ses serments, qui ne lui permettaient pas de se démettre. Ce fut la seule réponse qu'en put tirer le Général, qui s'épuisait en vain à leur faire comprendre la situation, à son collègue et à lui. C'était précisément ce qu'ils ne comprenaient pas. « La République « est en danger! disait Gohier, eh bien, nous « venons ici pour travailler à la sauver. » — « Avec quoi? répondait le Général; avec les « moyens de la constitution, qui croule de tou« tes parts? » Puis il s'interrompt pour lire un billet qu'on venait de lui remettre. On l'avertissait qu'il y avait de l'agitation dans le faubourg Saint-Antoine, et que cette agitation était excitée par Santerre, l'ancien et trop fameux commandant de la garde nationale sous la Convention. Santerre passait pour être le parent du général Moulins. — « Général, dit Bonaparte à Moulins, San« terre est votre parent; on me prévient qu'il « cherche à soulever le faubourg; faites-lui « dire que s'il remue, je le fais fusiller à l'ins« tant! — « Santerre n'est pas mon parent, « répliqua Moulins, il est mon ami; c'est un « bon citoyen, incapable de causer du trouble. » — « Avertissez-le toujours, » dit le Général. Puis, revenant au point principal de la discussion : « La république est en péril, dit-il en « finissant, il faut la sauver; elle le sera, je « le veux! » Ne pouvant rien obtenir des deux Directeurs, il leur déclare qu'il va les faire reconduire au Luxembourg, où ils seront consignés. Ils y furent reconduits en effet, escortés par Moreau. « Quoi! dit Moulins à Moreau au moment où l'on arrivait, c'est vous, général, qui faites le métier de gendarme! » Et sans attendre la réponse, il entra dans la chambre, repoussant brusquement la porte sur Moreau. Il trompa sa vigilance dans la journée même, ayant réussi à s'échapper au bout de quelques heures.

Le reste du temps se passa en préparatifs, car c'est à tort que l'on dit la Journée du 18 Brumaire. Il y en a eu deux : la crise n'éclata que le lendemain 19. Dès le matin du 18 le conseil des Cinq-Cents avait fait, il est vrai, quelques efforts pour se réunir; mais devant le décret qui ordonnait la translation, décret essentiellement légal, et auquel il n'y avait point à répliquer, on avait dû se séparer aussitôt. Il y avait cependant des conciliabules; on cherchait à s'entendre, à arrêter un plan pour le lendemain; l'irritation était extrême. Mais c'était tout. L'opinion, ce grand principe de force, manquait. Privé de son appui, on sentait, pour ainsi dire, le sol se dérober sous ses pieds. On le comprenait parfaitement, bien qu'on ne voulût pas se l'avouer, et ce sentiment suffisait pour donner à la résistance quelque chose d'incertain et d'isolé qui en devait paralyser l'effet.

Dès la veille on avait envoyé des ouvriers pour disposer les salles des deux Conseils, à Saint-Cloud. Le Conseil des Anciens devait siéger dans la galerie du château. Cette galerie, comme on le sait, forme l'aile droite du côté de la cour, en arrivant de Paris. Le lieu désigné pour la réunion des Cinq Cents était l'Orangerie, grand bâtiment en forme de carré long, de l'autre côté du château, dans les jardins réservés, et recevant le jour par de vastes croisées à hauteur d'appui. Ce bâtiment, attenant au château, communique à la salle des gardes, située elle-même à l'entrée de la galerie, par un couloir très-étroit, qui aujourd'hui encore se trouve dans le même état qu'à cette époque. La salle des gardes sert comme de vestibule à la galerie et à l'orangerie. Les moindres incidents ont souvent de graves conséquences dans les événements de ce genre. Les ouvriers avaient travaillé toute la nuit. Ils devaient avoir fini à dix heures; mais, quelque diligence qu'ils eussent faite, rien n'était encore terminé à une heure. Ce délai permit aux membres des Cinq-Cents de se réunir, de concerter leur opposition. Il donna occasion à la scène terrible qui allait avoir lieu, et qui, en compromettant pour un moment le succès de la journée, pouvait rejeter la France dans de nouveaux abîmes.

Le 19 au matin toutes les troupes occupaient les postes qui leur avaient été marqués. Une grande partie entouraient le château et remplissent la cour principale. Le Général était encore à Paris. D'instant en instant il recevait des nouvelles annonçant que ses ordres s'exécutaient. Il attendait cependant, ne voulant arriver qu'à l'heure où les Conseils entreraient en séance. Il se mit en route à midi. Il était dans une voiture, accompagné de Syeyès, de Ducos et de Lagarde, secrétaire du Directoire. Un escadron de grenadiers à cheval escortait la voiture. Le chemin était encombré de troupes et de curieux. Les soldats criaient vive Bonaparte! Quant à la foule, il n'y avait d'autre agitation que celle d'un grand concours de monde se portant sur un même point. On avait vu tant d'événements depuis dix ans que les émotions étaient usées, et si l'on courait là, c'était uniquement comme à une revue : il n'y avait pas d'autre sentiment.

Le Général arriva à une heure. C'était encore trop tôt. Les salles n'étaient pas prêtes. Il dut attendre jusqu'à deux heures que les Conseils fussent réunis. En descendant il avait rencontré dans la cour Augereau, qui lui avait encore offert ses services, et qu'il avait repoussé comme la première fois. Puis il était remonté dans les appartements, ayant peine à dissimuler son impatience. Ce retard en effet était fatal. Il suffit d'un instant pour changer les multitudes, et rien n'épuise l'enthousiasme comme ces moments d'intervalle où l'esprit se fatigue à attendre une chose qui ne vient pas. C'est alors que le courage se refroidit; les réflexions se présentent; on discute avec soi-même; on pense à des dangers qu'on n'avait pas aperçus; on songe davantage à soi; on se demande si ce n'est pas trop contribuer à la fortune d'un homme ou d'un parti, et si la récompense sera proportionnée au service qu'on se croit en état de leur rendre. C'est ce qui arrivait. Des groupes se formaient autour de la galerie et de l'orangerie. Les cours et les jardins étaient remplis de députés attendant l'heure de la séance. Ils s'interrogeaient; ils causaient entre eux avec une grande vivacité. Les plus violents, comme c'est l'ordinaire, entraînaient les plus faibles. Ils leur disaient qu'ils allaient au delà de ce qu'ils voulaient; que la victoire de Bonaparte serait la perte de ceux qui avaient décrété la translation aussi bien que des autres. C'était ce qu'ils appelaient un grand malheur. On parlait de Cromwell; on parlait de César. Ces discours ne laissaient pas de faire impression sur l'esprit de ceux à qui ils s'adressaient : ils commençaient à apercevoir nettement la situation. Ils voulaient bien qu'on sauvât la patrie; mais ils n'entendaient pas que ce fût aux dépens de leur influence et de leur crédit : ils voulaient au contraire que ce fût pour leur en assurer la possession libre et incontestée. C'est le calcul toujours déçu et toujours recommencé de cette foule d'ambitieux vulgaires qui, après avoir accumulé des difficultés qu'ils sont hors d'état de surmonter, veulent bien permettre qu'un autre les en tire, à la condition que le vainqueur s'effacera une fois la victoire obtenue, et viendra humblement en déposer le prix à leurs pieds. On appelle cela dans la langue politique le respect des lois et du pacte social. Toutefois, il était trop tard pour retourner en arrière; mais l'incertitude s'était glissée peu à peu dans les esprits, et les dispositions du Conseil des Anciens lui-même étaient loin d'être aussi favorables que la veille.

On entra aussitôt en séance. Chez les Anciens la délibération s'ouvrit, suivant l'usage, par des hymmes en musique; puis on donna lecture au Conseil d'une lettre de Barras, annonçant sa démission. Cette lettre ruinait les espérances de ceux qui comptaient encore sur l'opposition du Directeur. Ils avaient pensé que l'accueil fait à son secrétaire tirerait enfin Barras de sa léthargie, et lui inspirerait quelque courage. Ils assuraient de tous côtés qu'il allait se déclarer, qu'on allait le voir; essayant d'effrayer par là leurs adversaires et de raffermir les incertains parmi eux. « Barras

« tiendra, disaient-ils; on n'aura pas sa dé- « mission; il va se montrer; » et comme les heures se passaient sans qu'il parût, on apprit que le Directeur s'était décidé à suivre l'exemple de ses deux collègues. Ce fut un cri d'indignation aux Cinq-Cents. La nouvelle était annoncée par un billet écrit à l'un des membres du conseil. « Talleyrand « et Bruix viennent d'entrer chez Barras, « disait-on : il a cédé en lâche. » C'est entre leurs mains, à ce qu'il paraît, qu'il remettait sa démission, au moment où son parti espérait le plus en lui. Il écrivait sous leurs yeux cette lettre qui couronnait si dignement sa carrière politique (1) :

« Citoyen président, engagé dans les af- « faires publiques uniquement par ma pas- « sion pour la liberté, je n'ai consenti à parta- « ger la première magistrature de l'État que « pour la soutenir dans les périls par mon « dévouement, pour préserver des atteintes « de ses ennemis les patriotes compromis « dans sa cause, et pour assurer aux défen- « seurs de la patrie ces soins particuliers qui « ne pouvaient leur être plus constamment « donnés que par un citoyen anciennement té- « moin de leurs vertus héroïques, et toujours « touché de leurs besoins.

« La gloire qui accompagne le retour du « guerrier illustre à *qui j'ai eu le bonheur « d'ouvrir le chemin de la gloire;* les mar- « ques éclatantes de confiance que lui donne « le Corps Législatif, et le décret de la repré- « sentation nationale, m'ont convaincu que, « quel que soit le poste où l'appelle désormais « l'intérêt public, les périls de la liberté sont « surmontés et les intérêts des armées ga- « rantis. Je rentre avec joie dans les rangs de « simple citoyen, heureux, après tant d'orages, « de remettre plus entiers et plus respectables « que jamais les destins de la République, « dont j'ai partagé le dépôt. Salut et respect. « Barras. »

On envoya cette lettre aux Cinq-Cents. Il était temps cependant de s'occuper des motifs de la translation. Cet esprit d'opposition qui avait commencé à se faire jour depuis le matin essaya de se produire. Plusieurs membres se plaignirent de n'avoir pas été convoqués régulièrement la veille. Ils affectaient de ne rien savoir de ce qui s'était passé à la séance des Tuileries. Ils demandaient qu'on leur lût le procès-verbal, afin de les mettre au fait, et de leur apprendre quels dangers si graves menaçaient l'État. L'Assemblée, qui la veille n'avait souffert aucune objection, écoutait silencieuse et indécise. On sentait qu'elle n'eût pas été fâchée peut-être de revenir sur ses pas. Regnier comprit qu'il n'y avait pas à hésiter. Il se jetta au milieu de la discussion, dont il prit à lui seul presque tout le fardeau. Il dit « qu'il « ignorait si les membres qui se plaignaient « avaient été ou non convoqués; que cela « regardait la commission des inspecteurs. « En ce qui touchait la translation, le décret « avait été rendu; il l'avait été par la majo- « rité du Conseil des Anciens, agissant dans « l'exercice de son droit; il n'y avait donc pas « à repondre sur ce point, et il ne répondrait « pas. » Comme on l'interrompait en demandant un rapport sur les dangers de la patrie, il ajouta « qu'on ne devait point donner l'é- « veil à ceux qui avaient causé les dangers « du Corps Législatif; que ces dangers exis- « taient sans doute, puisque le Conseil des « Anciens en avait jugé ainsi; qu'encore « une fois le décret avait été rendu, qu'il « était irrévocable, et par conséquent hors de « question. » Il demanda l'ordre du jour. Il se montra en général assez ferme dans cette discussion. Interrompu à plusieurs reprises, et de divers côtés, il répondit avec beaucoup de résolution et de présence d'esprit, imposant silence aux interrupteurs, demandant au président de les faire taire, et disant qu'il ne devait pas y avoir plus d'interruptions ici qu'à Paris.

Il fut remplacé par Fargues, qui venait répondre à l'accusation portée contre lui au sujet des lettres de convocation. Il dit qu'il les avait envoyées; que pour le reste sa responsabilité n'était pas engagée : ce n'était pas sa faute si on ne les avait pas reçues. Fargues était membre de la commission des inspecteurs. Il ne se borna pas à cette réponse. Il entra dans la discussion générale, appuyant l'avis de Régnier : « J'ai entendu de- « mander avec un sang-froid qui m'a éton- « né, dit-il, des preuves d'une conspiration « qui est connue de Paris et de toute la Ré- « publique. S'il était permis à la commis- « sion de vous dire les propositions qui ont « été faites à un général, propositions qui « lui ont été renouvelées plusieurs fois de- « puis son retour, et qui lui ont encore été « faites cette nuit même, il n'est aucun de « vous qui n'affranchit la commission des « preuves qu'elle demande, Il y aurait au- « tant de danger à dévoiler en comité secret « qu'en public des vérités trop accablantes. »

La question en effet était là. On voulait bien reconnaître tout bas, des deux côtés, que la constitution n'existait plus, ou ne pouvait plus exister, mais personne n'osait et ne voulait le dire tout haut. On ne savait comment les choses tourneraient, et l'on était bien aise de ménager l'avenir. Ceux-là même qui étaient venus offrir secrètement leurs services au général Bonaparte ne se souciaient pas

(1) Buchez et Roux, *Hist. parlementaire.*

de s'engager avant l'heure par une déclaration publique, qui serait leur perte si le coup, comme on disait, ne réussissait pas. Il en résultait qu'on ne s'entendait pas, précisément parce qu'on s'entendait trop bien. Aucun ne voulant prononcer ce mot que tous savaient si parfaitement; on se bornait à des paroles vaines; on s'embarrassait comme à plaisir dans le vague d'une discussion qui ne reposait sur rien et ne pouvait conduire à rien. L'opposition profitait de ce vague pour pousser ses adversaires. Elle leur parlait de la constitution, du Directoire, etc., sachant aussi bien qu'eux qu'il n'y avait plus ni constitution ni Directoire, et n'y tenant pas plus qu'eux peut-être. Mais on ne pouvait encore le nier officiellement. C'était là ce qui causait l'embarras du parti contraire. On faisait des réponses qui n'en étaient point; on cherchait à gagner du temps; et comme il fallait avoir l'air de décider quelque chose, on décréta que le Conseil enverrait un message aux Cinq-Cents et au Directoire pour les avertir qu'il était constitué. On proposa aussi de faire une proclamation au peuple; proposition qui fut adoptée. On s'occupait de la rédiger, lorsque l'officier chargé de porter le message au Directoire revint disant qu'il n'avait pu le remettre, attendu que deux Directeurs avaient donné leur démission, que deux autres étaient consignés et le cinquième en surveillance pour sa sûreté. C'était Sieyès. Il avait sollicité lui-même cette mise en surveillance, restée sans exécution, mais qui pouvait au besoin lui servir de prétexte. Cette nouvelle annonçait le moment du combat. En effet, les membres du Conseil avaient eu le temps à peine d'en témoigner leur surprise, bien que personne ne l'ignorât depuis le matin, qu'on annonça le général Bonaparte. Il demandait à être introduit pour une communication.

Aussitôt tout devint attentif; l'heure était arrivée où l'action allait remplacer la parole. Dans un instant peut-être le sort de chacun allait être décidé. On attendit dans le silence de cette agitation intérieure qui précède les grandes crises ce qu'allait dire le Général.

Il entra suivi de son État-major, et demanda la parole.

« Représentants du peuple, dit-il, vous « n'êtes pas dans des circonstances ordinaires, « vous êtes sur un volcan; permettez-moi « de vous parler avec la franchise d'un sol- « dat, avec celle d'un citoyen zélé pour le « bien de son pays, et suspendez, je vous prie, « votre jugement jusqu'à ce que vous m'ayez « entendu jusqu'à la fin.

« J'étais tranquille à Paris, lorsque j'ai « reçu le décret du Conseil des Anciens, qui « me parla de ses dangers, de ceux de la Ré- « publique. A l'instant j'appelai, je retrouvai « mes frères d'armes, et nous vînmes vous « offrir les bras de la nation, parce que vous « en êtes la tête. Nos intentions furent « pures, désintéressées, et pour prix du dé- « vouement que nous avons montré hier, « aujourd'hui déjà on nous abreuve de ca- « lomnies. On parle d'un nouveau César, « d'un nouveau Cromwell; on répand que « je veux établir un gouvernement militaire.

« Représentants du peuple, si j'avais voulu « opprimer la liberté de mon pays, si j'avais « voulu usurper l'autorité suprême, je ne me « serais point rendu aux ordres que vous « m'avez donnés; je n'aurais pas besoin de « recevoir l'autorité du sénat. Plus d'une « fois, et dans des circonstances extrêmement « favorables, j'ai été appelé à la prendre. « Après nos triomphes en Italie, j'y ai été « appelé par le vœu de la nation; j'y ai été « appelé par le vœu de mes camarades, par « celui de ces soldats qu'on a tant maltraités « depuis qu'ils ne sont plus sous mes ordres; « de ces soldats qui sont obligés encore au- « jourd'hui de faire dans les départements de « l'Ouest une guerre horrible, que la sagesse « et le retour aux principes avaient calmée, « que l'ineptie et la trahison viennent de « rallumer.

« Je vous le jure, représentants du peuple, « la patrie n'a pas de plus zélé défenseur « que moi; je me dévoue tout entier pour faire « exécuter vos ordres. Mais c'est sur vous « seuls que repose son salut, car il n'y a plus « de Directoire : quatre des membres ont « donné leur démission; le cinquième est en « surveillance pour sa sûreté. Les dangers « sont pressants, le mal s'accroît; le ministre « de la police vient de m'avertir que dans « la Vendée plusieurs places sont tombées « dans les mains des chouans. Représentants « du peuple, le Conseil des Anciens est investi « d'un grand pouvoir; mais il est encore « animé d'une plus grande sagesse : ne con- « sultez qu'elle et l'imminence du danger; « prévenez les déchirements. Évitons de perdre « ces deux choses pour lesquelles nous avons « fait tant de sacrifices, la liberté, l'égalité! »

A ces mots une voix interrompt le Gé- « néral. « Et la Constitution! » lui dit-on.

« La Constitution, reprit-il vivement, « vous sied-il de l'invoquer? et peut-elle être « encore une garantie pour le peuple français? « Vous l'avez violée au 18 fructidor, vous « l'avez violée au 22 floréal, vous l'avez violée « au 30 prairial. La Constitution! elle est in- « voquée par toutes les factions, et elle a été « violée par toutes; elle ne peut être pour « nous un moyen de salut, parce qu'elle n'ob- « tient plus le respect de personne. La Consti- « tution! n'est-ce pas en son nom que vous « avez exercé toutes les tyrannies? Et aujour-

« d'hui encore, c'est en son nom que l'on « conspire! Je connais tous les dangers qui « vous menacent. Représentants du peuple, ne « voyez pas en moi un misérable intrigant « qui se couvre d'un masque hypocrite! J'ai « fait mes preuves de dévouement à la Répu- « blique : toute dissimulation m'est inutile. Je « ne vous tiens ce langage que parce que je « désire que tant de sacrifices ne soient pas « perdus. La constitution, les droits du peuple « ont été violés plusieurs fois, et puisqu'il ne « nous est plus permis de rendre à cette cons- « titution le respect qu'elle devrait avoir, « sauvons au moins les bases sur lesquelles « elle repose : sauvons la liberté, sauvons l'é- « galité! Trouvons des moyens d'assurer à « chaque homme la liberté qui lui est due et « que la constitution n'a pas su garantir. Je « déclare qu'aussitôt que les dangers qui « m'ont fait confier ces pouvoirs seront passés, « j'abdiquerai ces pouvoirs. Je ne veux être « à l'égard de la magistrature que vous aurez « nommée que le bras qui soutiendra et fera « exécuter ses ordres. »

Le Général paraissait avoir fini. Une discussion s'élève. « Vous l'avez entendu, s'écrie « Cornudet; vous l'avez entendu, représen- « tants du peuple! Celui à qui vous avez « décerné tant d'honneurs; celui devant qui « l'Europe et l'univers se taisent d'admiration « est là : c'est lui qui vous atteste l'existence « de la conspiration; sera-t-il regardé comme « un vil imposteur? — Puisqu'on demande « des preuves, dit Fargues, je propose qu'on « fasse imprimer à trois exemplaires le dis- « cours du général Bonaparte. » Cette proposition est adoptée au milieu d'un assez grand tumulte; les interruptions se croisaient; on interpellait le général. — « Qu'il nomme les « conspirateurs! s'écriait-on; nommez-les! « nommez-les! Tout doit être dit en public! » — Plusieurs députés en effet avaient demandé qu'on se réunît en comité secret. La minorité s'y opposait de toutes ses forces : elle voulait qu'on lui donnât le nom des conspirateurs, prétendant ne pas les connaître.

« Puisque vous le voulez, dit le Général, je « vais m'expliquer tout à fait; s'il faut nom- « mer les hommes, je les nommerai; je dirai « que les directeurs Barras et Moulins m'ont « proposé de me mettre à la tête d'un parti « tendant à renverser tous les hommes qui « ont des idées libérales! »

La minorité ne s'attendait pas à cette réponse; elle avait voulu compromettre le Général, et c'était elle qui se trouvait compromise par cette révélation. Il était clair que les siens aussi conspiraient, que d'un côté comme de l'autre, on ne voulait plus de la constitution. Qu'était-ce donc que tous ces grands mots, ces serments, ces protestations de respect, etc., etc., sinon un prétexte pour couvrir ses desseins et se tromper mutuellement? Aussi ne répondit-on pas. Mais, par un de ces changements soudains si fréquents dans les assemblées, et qui forment une partie de ce qu'on appelle leur tactique, les mêmes qui tout à l'heure s'étaient opposés au comité secret le demandaient maintenant à grands cris. Toutes ces interruptions avaient irrité le Général : on le voyait disposé à continuer, et à ne rien ménager; c'est ce qu'on voulait empêcher à tout prix. Mais les adversaires sentant leur avantage, n'avaient garde de le laisser échapper. Ils avaient demandé le comité; c'était eux qui en ce moment ne le voulaient plus. Ils disaient qu'il n'était plus temps de rien cacher. Puisqu'on avait exigé ces révélations, il fallait les subir; il fallait que la lumière se fît; tant pis pour ceux qui l'avaient appelée. Le Général, fatigué de tout ce tumulte, et trop animé pour le supporter plus longtemps, reprit avec chaleur : « Je vous le répète, la consti- « tution tant de fois violée n'offre plus de ga- « ranties aux citoyens; elle ne peut entretenir « l'harmonie, parce qu'il n'y a plus de dia- « pason; elle ne peut sauver la patrie, parce « qu'elle n'est respectée de personne. Je le « répète encore : qu'on ne croie pas que je « tiens ce langage pour m'emparer du pou- « voir après la chute des autorités. Le pou- « voir! on me l'a offert depuis mon retour à « Paris. Les différentes factions sont venues « sonner à ma porte; je ne les ai point écou- « tées, parce que je ne suis d'aucune coterie, « parce que je ne suis que du grand parti du « peuple français.

« Plusieurs membres du Conseil des An- « ciens savent que je les ai entretenus de « propositions qui m'ont été faites. Je n'ai « accepté l'autorité que vous m'avez confiée « que pour soutenir la cause de la Républi- « que. Je ne vous le cache pas, représentants « du peuple, en prenant ce commandement « je n'ai compté que sur le Conseil des Anciens, « et non sur le Conseil des Cinq-Cents, qui est « divisé; sur le Conseil des Cinq-Cents, où se « trouvent des hommes qui voudraient nous « rendre la Convention, les comités révolu- « tionnaires et les échafauds; sur le Conseil « des Cinq-Cents, où les chefs de ce parti « viennent de prendre séance en ce moment; « sur le Conseil des Cinq-Cents, d'où viennent « de partir des émissaires chargés d'aller or- « ganiser un mouvement à Paris.

« Que ces projets criminels ne vous effrayent « pas, représentants! Environné de mes frères « d'armes, je saurai vous en préserver. J'en « atteste votre courage, vous mes braves ca- « marades, vous aux yeux de qui on voudrait « me peindre comme un ennemi de la liberté! « vous, grenadiers, dont j'aperçois les bon-

« nets! vous, braves soldats dont j'aperçois les « baïonnettes, que j'ai fait si souvent tourner « à la honte de l'ennemi, à l'humiliation des « rois; que j'ai employées à fonder des répu- « bliques!

« Et si quelque orateur payé par l'étranger, « ajouta-t-il en élevant la voix, parlait de me « mettre hors la loi, j'en appellerais à vous, « mes braves compagnons d'armes, à vous, « braves soldats que j'ai tant de fois menés à la « victoire! à vous, braves défenseurs de la « République, avec qui j'ai partagé tant de « périls pour affermir la liberté, l'égalité! Je « m'en remettrais à mes amis, au courage « de vous tous, et à ma fortune! »

L'absence du Général, qui sortit après avoir prononcé ces mots, rendit quelque courage à la minorité. Elle avait été déconcertée par ses révélations, et ne demandait plus de détails sur la conspiration : elle essaya au moins de sauver la forme du gouvernement actuel. Plusieurs membres demandèrent qu'on renouvelât le serment de fidélité à la constitution. Cornudet s'y opposa; il dit qu'il était temps d'en finir avec toutes ces rêveries métaphysiques qui avaient causé tant de malheurs; que si l'on entendait par la constitution la souveraineté du peuple, la liberté, l'égalité, la division et l'indépendance des pouvoirs; il était prêt à jurer le premier, mais que pour le le reste, il ne se croyait tenu à rien. La discussion s'échauffa; elle durait depuis une heure. Tout à coup on entend au dehors un grand tumulte, des cris, le bruit des armes. Fargues, sorti pour s'informer de ce qui se passe, rentre tout ému, « Citoyens (1), dit-il, « le général Bonaparte vient de me faire ap- « peler, et je suis douloureusement affecté « d'être obligé de vous rendre compte de ce « qu'il m'a dit. Vous savez avec quelle bien- « veillance il a été écouté par vous. En sor- « tant il est allé dans le Conseil des Cinq- « Cents. Savez-vous comment il a été ac- « cueilli? Avec des poignards! » — « Par « Aréna? » dit Courtois. — « Par Aréna, « à l'égard duquel le Général a commis le crime « d'avoir porté la lumière dans les marchés « scandaleux passés en Italie! — Le Général « demande que vous preniez des mesures « pour déjouer le mouvement contre-révolu- « tionnaire que des émissaires partis du Con- « seil des Cinq-Cents sont allés organiser à « Paris. Je vous propose de vous former en « comité général. »

La proposition est appuyée. On délibérait lorsque Lucien Bonaparte se présente, pâle et en désordre. C'était le frère du Général. Il sortait du Conseil des Cinq-Cents, qu'il venait de présider. On l'entoure, on le presse de questions. Son trouble ne lui permet de donner que des explications confuses. Il parle de poignards levés sur son frère et sur lui. On a voulu le forcer à mettre son frère hors la loi. Ce qu'on peut conclure de ses paroles, c'est qu'une scène terrible a eu lieu; qu'elle dure encore en ce moment; que de nouvelles catastrophes sont peut-être imminentes. L'inquiétude est au comble. La délibération est suspendue. Les membres descendent de leurs bancs, et se forment en groupes; de tous côtés on va aux informations, et ce qu'on apprend vient éclaircir en le confirmant le récit de Lucien.

Voici en effet ce qui s'était passé. Le Conseil des Cinq-Cents était entré en séance sur les deux heures, en même temps que le Conseil des Anciens. On a dit quel était l'esprit de ce Conseil, ses dispositions, son attitude. Il s'agissait pour lui de la vie ou de la mort; c'était un combat désespéré. Dès les premiers moments la séance devait être menaçante, et elle le fut. Sans s'arrêter aux paroles de Gaudin, qui voulait expliquer les motifs de la translation, et demandait un rapport sur l'état de la République, l'opposition déclara qu'elle n'écouterait rien : il y avait sans doute des conspirateurs, mais ce n'était pas ceux qu'on désignait; c'étaient ceux qui sous des prétextes hypocrites voulaient changer la forme du gouvernement. — « En vain, s'écria Delbrel, « ces conspirateurs ont cru nous effrayer en « déployant autour de nous l'appareil formi- « dable de la force armée! Non, les défenseurs « de la patrie ne consentiront jamais à tour- « ner leurs armes contre les représentants. « Si néanmoins les conspirateurs parvenaient « à tromper ou à égarer le courage de nos « guerriers, nous saurions mourir à notre « poste en défendant la liberté publique con- « tre les tyrans, contre les dictateurs qui veu- « lent l'opprimer. Nous voulons la constitu- « tion ou la mort! Les baïonnettes ne nous « effrayent pas! Nous sommes libres ici! » Il demande que chacun des membres, appelé par son nom, vienne renouveler à l'instant même le serment de fidélité à la constitution!

Cette proposition est accueillie avec transport. On se lève en masse; on assiège la tribune; des cris partent de tous côtés. « Oui « jurons! jurons! Point de dictature! A bas « les dictateurs! Vive la constitution! » On s'adresse au président; on le somme de prononcer la formule du serment et de faire l'appel. C'était Lucien. Comme il s'y refuse, disant qu'il faut d'abord délibérer, les cris redoublent; on l'injurie, on le menace. Il essaye en vain de conjurer le tumulte. A bout d'efforts, il se couvre, et suspend la séance. « Je « sens trop, dit-il, la dignité du poste que « j'occupe pour supporter plus longtemps les

(1) Buchez et Roux, *Histoire Parlementaire.*

« menaces insolentes de quelques orateurs, « et pour ne pas rappeler de tout mon pou- « voir l'ordre et la décence dans le Conseil. » Ces paroles ramènent un instant de calme : quelques députés modérés essayent d'en profiter pour parler : on ne les écoute pas. L'agitation recommence. On demande encore le serment. Il faut enfin consulter l'assemblée. La proposition est mise aux voix et adoptée.

Les députés quittent leurs siéges. Chacun vient jurer à son tour. On ne se contente pas de jurer : on crie haine à la tyrannie. Lucien, comme les autres, est obligé de paraître à la tribune et de s'engager par le même serment. C'était là surtout ce qu'on voulait. Au moment où il prononce la formule, un membre, s'adressant aux sténographes du *Moniteur*, s'écrie : « *Moniteur*, écrivez ! » Un seul député refuse d'imiter ses collègues. C'est Bergouin, renouvelant à la fin de la révolution l'exemple donné au début par Martin d'Auch dans une circonstance et par un motif bien différents (1).

Ces violences, toutefois, n'avançaient rien : le serment prêté à la constitution ne rétablissait pas la constitution. On avait beau s'en féliciter comme d'une victoire, et s'écrier avec enthousiasme, « qu'il occuperait dans les fas- « tes de l'histoire la même place que le ser- « ment du jeu de Paume, » cela ne changeait pas la situation. Il fallait d'autres mesures. Aréna propose d'envoyer dans les départements la liste de ceux qui viennent de jurer, « afin « que la France, dit-il, sache que nous « sommes à notre poste, et que nous sommes « décidés à périr pour le maintien de la cons- « titution ». Cette motion n'a pas de suite. On décrète enfin qu'un message sera adressé au Directoire; car on ne sait pas, on ne veut pas savoir que le Directoire n'existe plus. Un membre cependant fait observer que pour écrire au Directoire, encore faut-il savoir où se trouve le Directoire. « Pour moi je n'en « sais rien, » dit-il avec une naïveté qui contraste avec l'exaltation de ses collègues. — « S'il était quelque part, je pense qu'il nous « l'eût annoncé. Vous enverrez un message! « Il faut savoir où ce message ira. Voulez- « vous que vos messagers parcourent les rues « de Saint-Cloud pour demander la maison « où le Directoire est logé? » Les murmures forcent l'orateur à descendre de la tribune; on veut lutter jusqu'à la fin contre la réalité. On décide que le message sera envoyé. En ce moment arrive la lettre de Barras citée plus haut : « Qu'est-ce que cela veut dire? » s'écrient plusieurs membres. — « Est-ce une « démission? Il faut faire sur-le-champ une « nouvelle liste! » — Ici la confusion augmente. Les uns veulent que la liste soit dressée immédiatement; les autres s'y opposent. Ils disent que c'est une chose grave; qu'il faut y procéder avec d'autant plus de calme que les circonstances sont plus menaçantes. Ils rappellent à leurs collègues l'attitude des sénateurs romains dans les grands dangers de la patrie. On discute encore, on se débat, et, ce qu'il y a de pis, on se débat en vain. On s'agite dans le vide, pressés par une force supérieure, quoique invisible, devant laquelle on est obligé de reculer alors qu'on s'obstine à ne pas la reconnaître.

Tout à coup un grand mouvement se produit. Tous les yeux se tournent vers l'entrée, à la porte de la salle des gardes. C'est le Général. Il se présente, suivi de quelques grenadiers qu'il a soin de laisser en arrière. A peine s'est-il avancé jusqu'au milieu de la salle, qu'une foule de députés se précipitent sur lui. Il est assailli de tous côtés, interpelé avec violence. Bigonnet le premier l'arrête : « Que faites-vous, téméraire? vous violez « le sanctuaire des lois! Retirez-vous! » Mille cris partent en même temps. On demande la mise hors la loi du Général. « Quoi ! « des baïonnettes, des sabres, des hommes « armés dans le sanctuaire de la représenta- « tion nationale! Hors la loi le dictateur! A bas « le dictateur! Mourons à notre poste! Vivent « la République et la constitution de l'an III! « Hors la loi le dictateur! A bas! à bas! » Telles sont les imprécations qui éclatent aux oreilles du Général. On le menace; il est entouré, pressé. Ses grenadiers, ne l'apercevant plus, et craignant pour sa vie, se jettent au milieu de la foule, qu'ils écartent. Ils le saisissent, et le ramènent sain et sauf hors de la salle!

La discussion continue. Lucien était resté au fauteuil, tenant tête à l'orage autant qu'il était en lui. Il ne laisse pas de faire encore quelques efforts. « Le mouvement qui vient d'avoir « lieu, dit-il, prouve sans doute ce que tout le « monde a dans le cœur, ce que moi-même j'ai « dans le mien! » Il ne pouvait dire autre chose. Il est interrompu par des cris furieux. « Oui! oui! « Vive la République! — Il était « cependant naturel ajouta-t-il, de croire que « la démarche du Général, qui a paru exciter « de si vives inquiétudes, n'avait pour but que « de rendre compte de la situation des affaires « ou de quelque objet intéressant la chose pu- « blique. Il venait remplir l'obligation que lui « imposaient ses fonctions. Mais je crois qu'en « tout cas nul de vous ne peut soupçonner... » « Quoi! » s'écrient plusieurs membres. — « Au- « jourd'hui Bonaparte a terni sa gloire. Fi! Bo- « naparte s'est conduit en roi! Je le voue à « l'opprobre, à l'exécration des républicains « et de tous les Français, » dit un membre. —

(1) On sait que Martin d'Auch fut le seul qui refusa de s'associer à ses collègues et de prêter serment à la séance du jeu de Paume.

« Je demande, dit un autre, qu'il soit traduit « à la barre pour rendre compte de sa con- « duite. » — « Oui! Oui! hors la loi! hors la « loi! — « Et moi, je demande, dit Lucien, « à quitter le fauteuil. » Et il le cède à Chazal, qui monte à sa place.

Cet incident suspend à peine le tumulte. Les cris recommencent aussitôt. Mais ce n'était pas des cris qu'il fallait en ce moment. C'était une suite de mesures promptes, énergiques, décidées et exécutées sur-le-champ. Au lieu de cela, le Conseil se perdait dans les éclats d'une fureur inutile. Il est permis de croire que cette fureur ne laissait pas de cacher une certaine crainte. On se sentait seuls au fond. On criait vive la constitution, mais nul écho ne répondait à ce cri. L'opinion était muette. Puis comment exécuter ce qu'on aurait résolu? par quels moyens? On n'avait nulle force à sa disposition. Autour de soi, au contraire, six mille soldats dans une attitude menaçante, et qu'un geste pouvait mettre en mouvement. On connaissait l'audace du Général : il avait pour lui sa gloire, la voix du pays, le dévouement de ses troupes. Cette arme elle-même dont on voulait se servir, ce mot *hors la loi*, naguère si terrible, et qui suffisait pour terrasser et anéantir toute résistance, qui osait répondre qu'il aurait la même force aujourd'hui? Voilà ce qu'il fallait bien apercevoir, quoiqu'on ne voulût pas se l'avouer et qu'on cherchât à s'étourdir par l'excès même de sa colère. C'est ce qui explique le vague des propositions qui étaient faites, malgré la violence des termes. Les uns demandaient qu'on retournât à Paris : ils comptaient sur la majesté du conseil réuni en corps pour imposer aux troupes et ramener les citoyens. « Marchez-y revêtus de votre « costume, disait Talot, et votre retour sera « protégé par les citoyens et les soldats. Vous « reconnaîtrez à l'attitude des militaires qu'ils « sont les défenseurs de la patrie. » Un autre demandait qu'on se déclarât en permanence; un autre qu'on décrétât que les six mille hommes qui entouraient les deux assemblées faisaient partie de la garde du Corps législatif; d'autres, enfin, qu'on fit comparaître le Général à la barre. Les motions les plus diverses se succédaient, adoptées, repoussées, sans qu'on sût, au milieu de cet effroyable tumulte, ce qu'on avait accueilli ou rejeté. On s'agitait dans l'impuissance, et le sentiment même de cette impuissance augmentait la fureur. A la fin, comme il fallait bien s'arrêter à quelque chose, après avoir tout épuisé, on décide la mise hors la loi. Mais il faut la voter. Par un de ces raffinements de vengeance dont les partis seuls sont capables, on exige que ce soit Lucien qui la mette aux voix, en qualité de président. On le rappelle au fauteuil, on veut qu'il y remonte; on l'y force au nom de l'assemblée. Il y reparaît, mais pour protester. « Quoi! s'écrie-t-il, « vous voulez que je prononce le hors la loi « contre mon frère? » — « Oui! oui! hors la « loi! Voilà pour les tyrans! » Il lutte en vain pendant quelques instants. Il est en butte aux mêmes outrages qui tout à l'heure ont assailli son frère. On monte à son fauteuil, on veut le contraindre; mais lui, se dégageant, parvient à gagner la tribune. Sa voix, dit-on, était suffoquée par les larmes. « Puisque je n'ai pu « me faire entendre dans cette enceinte, dit-il, « je dépose avec un profond sentiment de di- « gnité outragée, je dépose les marques de « la magistrature populaire! » En même temps il se dépouille de sa toque et de son manteau; il veut sortir, mais on le retient; on cherche à le calmer. Par un de ces retours qui prouvent la puissance des formes même sur les esprits les plus emportés, cette assemblée, arrivée aux derniers excès, craint de se trouver sans président. On invite Lucien à reprendre ses insignes, à remonter au fauteuil; il résiste. Le tumulte était tel qu'on l'entendait du dehors. Lefebvre était placé dans les jardins avec ses grenadiers. On vient lui dire que Lucien court des dangers. Il envoie dix grenadiers pour le délivrer. Ils arrivent dans la salle; ils percent la foule, et s'emparent de Lucien, qui, dans son trouble, croit que le Conseil le fait arrêter. « Quoi! dit-il, vous me « parlez de réconciliation, et vous me faites « arrêter! C'est en ce moment qu'il se rendit comme on l'a vu au conseil des anciens pour lui faire connaître le danger que son frère et lui venaient de courir. »

Au dehors cependant l'agitation n'était pas moins grande. A peine soustrait aux violences dont il venait d'être l'objet aux Conseil des Cinq-Cents, le Général avait été retrouver Sieyès dans la cour du château. Il est évident qu'il n'avait pas prévu les extrémités auxquelles il serait amené. Il y a lieu de croire qu'il désirait les éviter. Il avait espéré que tout se terminerait par l'autorité de son nom et la seule force de la raison. Il n'avait pas assez compté peut-être, et c'est ce qui arrive souvent, avec les passions de ses adversaires et les faiblesses de la majorité. Sieyès n'avait jamais partagé sa sécurité. Il avait plus d'expérience que le Général sur ce point; il connaissait mieux les assemblées délibérantes. Aussi lui avait-il conseillé, la veille encore, de faire arrêter dans la nuit les principaux membres du Conseil des Cinq-Cents. Le plus célèbre de nos historiens de la Révolution a reproché comme une grande faute au Général de n'avoir pas suivi ce conseil (1). « Il ne voulut pas,

(1) Tom. 10. *Hist. de la Révol.* Récit des événements du 18 brumaire.

« dit-il ; il eut à s'en repentir ». Ce refus est une nouvelle preuve de ce qu'on vient d'avancer touchant les intentions du Général. Tout indique que sa pensée s'arrêtait dans le cercle même de la situation, et qu'elle n'allait pas au delà d'un changement légal en quelque sorte, opéré par la voix des pouvoirs publics. Il marchait suivant sa raison, plutôt que suivant sa destinée. Mais celle-ci allait s'accomplir. Elle allait d'un seul coup, et par les fautes de ses adversaires, le porter presque au point où il devait atteindre. Il n'y avait plus à reculer en effet : sa vie, sa gloire en dépendaient. Un moment encore, et il pouvait être saisi, traîné comme un conspirateur vulgaire aux pieds d'ennemis dédaignés, et qu'il était venu braver jusque dans le lieu même de leurs délibérations. Après s'être entendu avec Sieyès pendant quelques instants, il était remonté à cheval. Il passait devant les rangs. Il aperçut Augereau, qui lui dit d'un air ironique : « Eh bien, vous voilà dans une « jolie position ! » — « Les choses étaient plus « désespérées à Arcole, » répliqua-t-il ; et il passa. Les troupes criaient vive Bonaparte! Il hésitait encore à les lancer, lorsque Lucien court à lui, et lui raconte ce qui se passe aux Cinq-Cents. Le Général sent que l'heure est venue ; sa résolution est prise. Il fait amener un cheval pour Lucien, qui le monte. Les deux frères parcourent de nouveau les rangs. Lucien parle aux soldats. Il les exhorte ; il leur fait connaître l'attentat dont son frère et lui ont failli être les victimes, son frère, leur général, avec qui ils ont vaincu à Castiglione et à Rivoli. — « Ils viennent de le mettre hors « la loi! s'écrie-t-il, hors la loi! Le souffrirez-« vous? » — « Non! non! » crient les soldats. — « Puis-je compter sur vous, » disait le Général? « Oui! oui! » — « Ils ont voulu assassiner votre « Général ! » s'écriait Serrurier, qui marchait à la suite de l'état-major. Ce dernier mot met le comble à l'exaspération des soldats. — « Assassiner notre général ! » répétaient-ils avec stupeur. — « A bas ! à bas ! Il y a trop long-« temps que tout cela dure. Il est temps de « *jeter* à la porte tous ces orateurs, » disaient-ils dans leur langage ennemi des atténuations ; « avec leur bavardage, ils nous « laissent depuis six mois sans solde et sans « souliers ! Nous n'avons pas besoin de tant « de gouvernants ! Les scélérats voulaient nous « faire périr de misère ! Vive le Général ! Vive « Bonaparte ! »

Le Général donnait ses ordres. Une colonne de grenadiers, commandée par Leclerc, se met en mouvement, et marche sur l'Orangerie. Elle paraît à la porte de la salle. Depuis le départ de Lucien, ce n'était plus même du tumulte, c'était un désordre sans nom. On n'entendait plus que les cris *hors la loi!* poussés avec frénésie. Du reste, point de décision, plus de propositions, plus rien. C'étaient les dernières convulsions d'une fureur qui expire. Le général Leclerc s'avance. — « Citoyens « représentants, dit-il, on ne peut plus répondre « de la sûreté du Conseil. Je vous invite à vous « retirer. » On lui répond par les cris : Vive la République ! Il renouvelle sa sommation.— « Retirez-vous, le Général a donné des or-« dres... » — Il attend quelques instants. — « Grenadiers ! s'écrie un officier, en avant ; « tambours, la charge ! » Quelques représentants essayent de parler aux soldats. — « Qui « êtes-vous, militaires ? Vous êtes les grena-« diers de la représentation nationale ! Vous « attentez à sa sûreté, à son indépendance ! « Vous ternissez les lauriers que vous avez « cueillis ! » — « On a voulu assassiner notre Général, » répliquent les soldats, qui n'écoutent rien. Leclerc invite encore une fois les représentants à se retirer. De nouveaux cris s'élèvent. Il comprend l'inutilité de ses sommations, et se décide à agir. — « Au nom « du général Bonaparte, je déclare que le « Corps législatif est dissous ! Que les bons « citoyens se retirent. Grenadiers en avant ! » Les grenadiers s'avancent au pas de charge : ils parcourent la salle dans toute sa longueur. Plusieurs députés essayent de protester ; quelques-uns veulent rester à leur banc : les soldats les saisissent. Les autres s'enfuient, escaladant les croisées qui donnent sur le jardin, et jetant çà et là leurs insignes de représentants. En un instant la salle est vide : tout était consommé ; il était cinq heures et demie.

Cette nouvelle, apportée au Conseil des Anciens, y causa, dit-on, un grand abattement. On avait été plus loin qu'on ne le voulait. On avait cru, comme il arrive toujours, qu'une fois les choses commencées, on pourrait les arrêter à un certain point. Mais comme il arrive toujours aussi, on se trouvait entraîné par les forces mêmes qu'on avait mises en mouvement. Il y a dans les événements une logique inflexible, qui se développe en dehors de toutes les combinaisons et de tous les calculs de l'intérêt privé. L'histoire seule de ces dix dernières années aurait formé assez d'exemples de cette vérité, si les enseignements de l'histoire étaient de quelque autorité devant les illusions des partis. C'était pour les avoir méconnus encore une fois qu'on succombait. Il est vrai que nul n'avait à se plaindre du résultat, si ce n'est ceux qui en contribuant à cette révolution y avaient cherché autre chose que ce qu'elle devait apporter. C'était la raison universelle qui triomphait, si l'on peut s'exprimer ainsi ; c'était la nation elle-même, échappant à la domination des partis pour entrer enfin dans une sphère d'action régulière et suivie, après dix ans de troubles et d'orages. Mais en est-il toujours ainsi? Le Conseil des Anciens se trouvait par le fait aussi abaissé que le Conseil des Cinq-Cents. Il le sentait, mais que faire? Les circonstances étaient plus fortes; il n'y avait pas à résister. Ceux qui formaient la minorité aux Anciens avaient disparu avec les membres du Conseil des Cinq-Cents. On réunit ce qui restait des deux Conseils, et le jour même on rentra en séance, chacun dans sa salle, comme si rien n'eût été changé. Là on prit les mesures que commandait la situation. On décréta que le général Bonaparte, les généraux Lefebvre, Murat, Gardanne, et les grenadiers du Corps législatif avaient bien mérité de la patrie. Le Directoire fut aboli. On déclara exclus de la représentation nationale tous ceux qui depuis le matin s'étaient signalés par leur opposition. Il y en avait cinquante-deux pour le Conseil des Cinq-Cents. Il fut décidé enfin que le Corps législatif s'ajournerait à quatre mois. La direction des affaires était remise pendant ces quatre mois à une commission consulaire, composée du général Bonaparte, de Sieyès et de Roger Ducos. Ils devaient prendre le nom de Consuls de la république française. Ils étaient chargés de préparer un nouveau projet de constitution. Les Conseils n'entendaient cependant pas se dissoudre; ce n'était qu'une simple interruption de leurs travaux. Les membres ne cesseraient pas pendant ce temps, aux termes du décret, de recevoir leur idemnité et de jouir de leur garantie constitutionnelle. Une commission de ving-cinq membres devait être choisie dans le sein de chaque Conseil, pour rester en permanence et le représenter auprès du gouvernement. Au 1er ventôse prochain les deux Conseils se réuniraient de plein droit à Paris, pour discuter les bases de la nouvelle constitution. On envoya dans les départements une proclamation destinée à faire connaître les événements de cette journée. Toutes ces mesures, adoptées d'abord par le Conseil des Cinq-Cents, furent ratifiées par celui des Anciens, et l'on se sépara à quatre heures du matin.

Elles complétaient la révolution qui venait de s'accomplir. On sait quel fut le résultat de cette révolution, et comment il fut accueilli par la France. On a dit que la journée du 18 brumaire avait été une journée de dupes, ce qui est vrai. La plupart de ceux qui y poussèrent, particulièrement Sieyès, y perdirent leur existence politique. Il est remarquable, ainsi que le fait observer l'un des écrivains à qui l'on doit une relation de ces événements, que dans le partage d'influence et d'honneurs fait à l'avance entre les principaux acteurs, il n'avait point été question du général Bonaparte. Tous comptaient ne faire de lui qu'un instrument. On n'ignore pas quel fut l'étonnement de Sieyès lorsqu'il vit qu'il s'était trompé, et son désespoir en l'annonçant à ses amis. — « Mes amis nous avons un maître; « il sait tout, il peut tout, il veut tout. » C'est qu'en effet la France voulait tout pour celui-là seul auquel ils n'avaient pas songé, et qui seul parmi eux avait embrassé son parti au milieu de ces événements.

KERMOYSAN.

PARIS. — TYPOGRAPHIE DE FIRMIN DIDOT FRÈRES, RUE JACOB, 56.

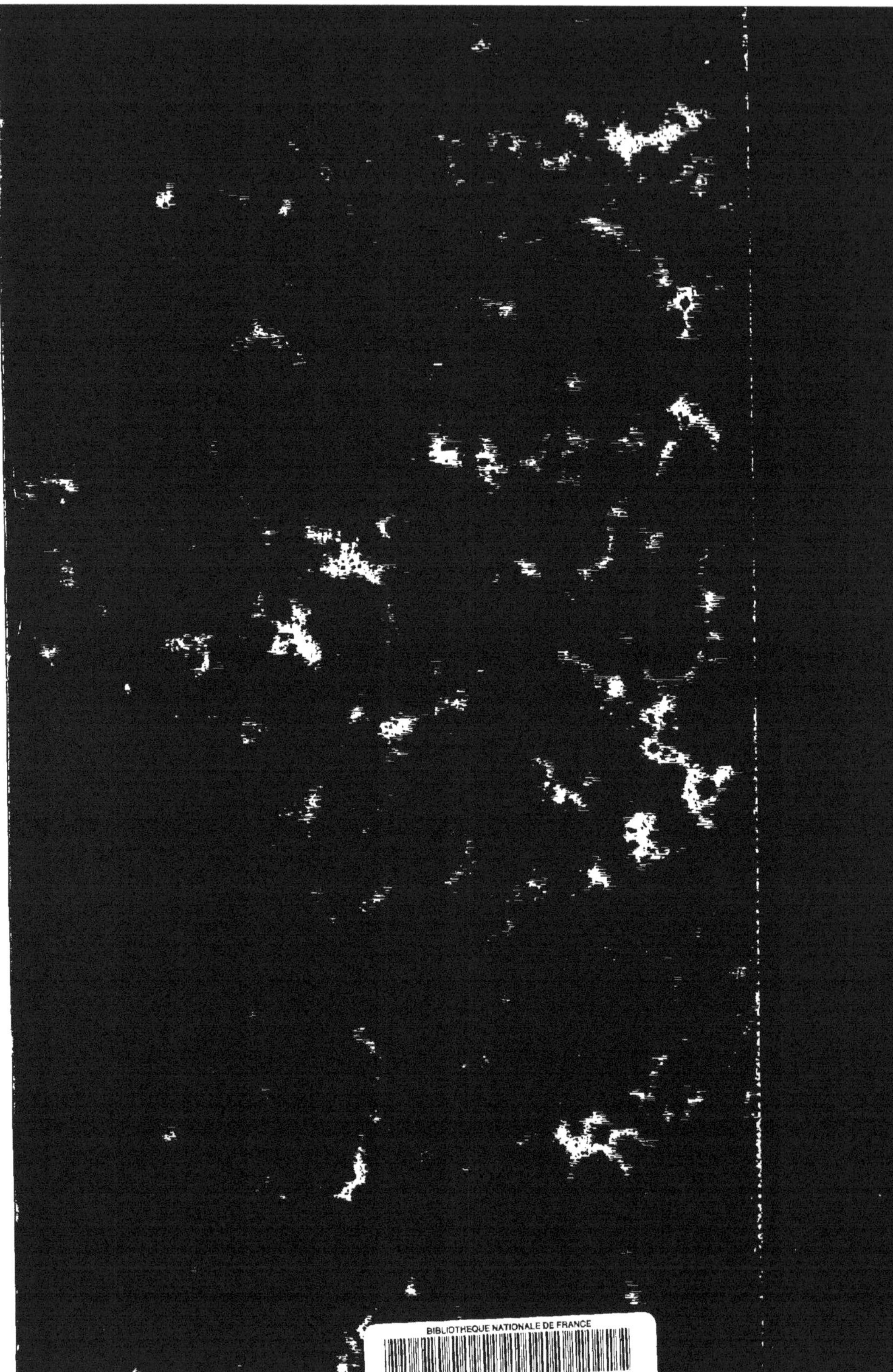

www.ingramcontent.com/pod-product-compliance
Ingram Content Group UK Ltd.
Pitfield, Milton Keynes, MK11 3LW, UK
UKHW012125240726
13965UKWH00005B/1975

9 782013 353717